Potager facile

collection 100% jardin

Avant propos

Je fus stupéfait en découvrant ma parcelle : c'était un autre monde. L'ensemble du jardin palpitait de gens ravis de retourner la terre et de planter. Des enfants s'ébattaient dans les recoins envahis de végétation ; des anciens travaillaient tranquillement sur leurs terrains, certains assis et se reposant hors de leur cabanon, d'autres infusant du thé sur des petits réchauds à gaz ; de jeunes couples poussaient des brouettes chargées ; un groupe de mamans tenait lieu de garderie ; il y avait des élèves d'une école proche, etc.

Ma famille et moi-même avons vite compris que jardins familiaux et autres potagers étaient plus que des parcelles à cultiver, mais aussi un lieu de vie. Plus nous nous impliquions plus cela devenait passionnant. Avec de nouveaux amis, on a appris de nouvelles techniques de jardinage (y compris biologiques) ; en faisant de l'exercice, on a réduit nos frais alimentaires tout en mangeant à satiété – c'était grandiose.

De surcroît, on a découvert que ces jardins hébergent tout un petit peuple. Tout le monde se plaint des limaces, des escargots, des pigeons et autres « nuisibles », mais il en est différemment des renards, des blaireaux, des lapins, des souris, des orvets, des crapauds et des lézards.

Ne craignez rien si vous êtes un néophyte, ce livre vous indiquera comment tirer le meilleur parti de votre parcelle. Je vous invite à retrousser vos manches, à relever le défi et à vous lancer. Bonne chance !

LES SAISONS

Les saisons et les mois indiqués dans ce livre (début ou milieu du printemps, début avril, fin octobre, etc.) correspondent à la moitié nord de la France. Si, pour l'essentiel, les périodes des semailles, des plantations, de l'entretien et de la récolte sont assez constantes, il faut évidemment prendre en compte les différences régionales et les aléas climatiques. Du nord au sud de notre pays, plusieurs semaines de décalage peuvent être constatées.

Édition originale : The Allotment Specialist
© 2007 New Holland Publishers (UK) Ltd, London
Conception de la coll. "Specialist" : © 2004 AG&G Books
Illustrations et photographies :
© 2007 New Holland Publishers (UK) Ltd
Auteur : A. et G. Bridgewater

Édition française
Traduction : Patrice Leraut
Direction éditoriale : Catherine Delprat
Édition : Thierry Olivaux
Conception graphique : Emmanuel Chaspoul
Mise en page : Atelier des 2 Ormeaux
Fabrication : Annie Botrel
Couverture : Véronique Laporte

© Éditions Larousse 2008

ISBN 978-2-03-587178-7
Dépôt légal : mars 2008

Jardins ouvriers et familiaux

Un potager : est-ce démodé ?

On assiste aujourd'hui à un renouveau des jardins familiaux et, localement, les listes d'attente peuvent être longues. Si vous avez des idées préconçues et pensez que ce sont les refuges de vieux porteurs de casquettes et pinces à vélos, révisez votre copie. Ma voisine porte bien une grande casquette en tweed, mais elle ne manque pas de charme avec ses bottes vertes, son maillot de bain de marque, ses lunettes de soleil et sa crème solaire ; et les jardiniers peuvent tout autant venir dans une voiture coûteuse qu'en vélo…

Un jardin idéal : toute une variété de fruits et de légumes vigoureux, des fleurs multicolores, du calme et du soleil.

Bref historique

L'origine des jardins ouvriers remonte en Angleterre au début du XIXe siècle. En France, l'abbé Lemire a créé en 1896 les jardins ouvriers français, dans le cadre de sa *Ligue du Coin de Terre et du Foyer*. L'implantation de ces jardins s'est effectuée dans les communes ouvrières à la périphérie de Paris. Ils sont détenus par des particuliers, des collectivités locales ou des administrations et donnés en location à la *Ligue*. Au début du XXe siècle, ceux d'Ivry étaient réputés pour l'enthousiasme et la solidarité de leurs délégués. Pour des ouvriers souvent déracinés, ils constituent un moyen d'adaptation à ce nouvel environnement, sorte de « retour à la terre » et lien social.

La vocation des parcelles était et reste la production de fruits et de légumes d'appoint pour les ménages. À l'origine peu variées, les productions potagères se sont grandement diversifiées, et les adhérents sont désormais incités à limiter l'emploi d'engrais et de pesticides dans le respect de la nature et de l'environnement. La surface moyenne d'une parcelle est de 270 mètres carrés.

Des jardins communautaires

De nombreux jardins familiaux tendent à devenir un lieu de détente et de divertissement. Ils comportent donc des espaces récréatifs, un coin de pelouse avec barbecue, une tonnelle et autres aménagements facilitant l'échange et la convivialité : on organise des fêtes, comme celle de la Saint-Fiacre, patron des jardiniers…

Suis-je un bon « client » ?

Si vous souhaitez faire des rencontres, profiter des meilleurs produits naturels, garder la forme, communier avec la nature, participer à votre façon à la « vraie » vie, nul doute que vous tirerez grand profit d'un jardin familial.

AVANTAGES ET INCONVÉNIENTS DU JARDIN FAMILIAL

Avantages
- On peut produire l'essentiel de ses besoins.
- Les légumes et les fruits sont frais.
- Les frais sont modérés (compter un budget annuel de 150 euros).
- On garde la forme grâce à l'exercice physique.
- C'est une bonne manière de rencontrer des gens de profils et personnalités variés.
- Les enfants s'y amusent et y sont éveillés.
- Localement, on y admet poulets, lapins et chèvres.
- Cela peut s'apparenter davantage à une petite ferme qu'à des carrés de légumes.

Inconvénients
- Le travail peut être pénible.
- La distance entre le jardin et l'habitation peut rebuter.

Choisir sa parcelle

Sur quels critères fonder son choix ?

Mis à part tous les facteurs qui ont rapport à la jouissance d'une location – importants car il faut plusieurs années de récoltes pour amortir les coûts initiaux et les gros efforts consentis au départ –, une bonne parcelle doit avoir une bonne exposition, une profondeur de sol suffisante, une quantité raisonnable d'ombre et d'abris, ainsi qu'un point d'eau. Il faut que tout soit clair, car toute erreur initiale peut être cause d'échec, même quand les autres paramètres sont favorables.

Une parcelle bien choisie deviendra un petit paradis pour travailler ou prendre du bon temps. Dans l'idéal, votre jardin doit être bien exposé au soleil et protégée du vent au nord et au nord-est.

L'emplacement, est-ce important ?

C'est essentiel. Repérez les terrains légèrement pentus et exposés au sud ou au sud-ouest, de sorte que le matin ou l'après-midi le soleil les réchauffe. La parcelle ne doit pas être à l'ombre des arbres mais bordée de haies, de murs ou de palissades dans sa bordure nord et nord-est.

A-t-on toujours le choix ?

Prenez contact avec les associations locales afin de savoir quelles parcelles sont disponibles dans les environs. Les listes d'attente peuvent s'allonger et le choix devenir restreint à quasiment nul : à prendre ou à laisser.

Peut-on disposer de plusieurs parcelles ?

Dans la région où les listes d'attente existent, on n'a droit qu'à une seule parcelle, même si les locataires de longues dates peuvent en disposer de plusieurs, mais quand la place est libre on peut généralement en obtenir autant qu'on le désire.

Gestion des jardins

Les parcelles sont d'ordinaire louées à l'année. Le bail stipule le règlement et les restrictions de fonctionnement. On ne doit pas troubler l'ordre public, sous-louer, gérer une entreprise, entourer la parcelle de barbelés, construire des structures plus grandes qu'autorisées, laisser errer des animaux, etc.

Recherchez...

- Une petite parcelle à distance pédestre raisonnable de chez vous.
- Un jardin en relation avec des associations diverses locales.
- Un terrain légèrement pentu exposé au sud-est ou sud-ouest et dont la bordure est au nord-est.
- Une parcelle protégée dans ses limites nord et est.
- Un terrain qui a été bien entretenu par un locataire expérimenté.
- Une bonne profondeur de sol : un trou de 60 cm de profondeur doit révéler, de haut en bas, 5 à 7,5 cm de mottes, environ 30 cm de sol brun riche superficiel, puis un sous-sol argileux, graveleux ou sablonneux.
- Un bon drainage.
- Une parcelle bordée d'autres d'aspect prospère et productif.
- Une parcelle dotée d'un réservoir ou d'une colonne d'alimentation en eau accessibles.

Évitez

- Les terrains où subsistent du béton et autres décombres, telles certaines friches industrielles.
- Ceux situés au creux de zones marécageuses.
- Une parcelle bordée d'arbres au sud.
- Une qui révèle des indices de traitement aux pesticides et herbicides.
- Une parcelle envahie de mauvaises herbes qui a servi de dépotoir et où traînent des sacs en plastique, des enchevêtrements de fils de fer et autres déchets.
- Une parcelle victime de vandalisme : palissages enfoncées, abris dégradés et tags.

LA PARCELLE IDÉALE

La parcelle idéale est bien sûr un rêve inaccessible, une vision idyllique, mais cela ne nous empêche pas de chercher à l'atteindre. Lorsque vous faites l'acquisition d'un jardin, faites-en le tour à plusieurs reprises et observez sa position par rapport au soleil. Puis jugez comment vous allez installer une petite serre, un abri et des palissages et autres coupe-vent sans déranger vos voisins – avec lesquels il n'est pas inutile de prendre quelques contacts.

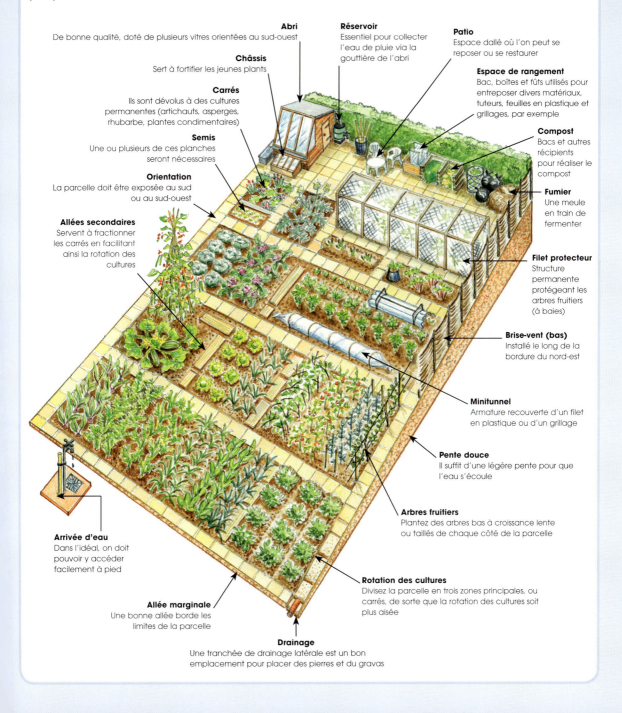

Abri
De bonne qualité, doté de plusieurs vitres orientées au sud-ouest

Réservoir
Essentiel pour collecter l'eau de pluie via la gouttière de l'abri

Patio
Espace dallé où l'on peut se reposer ou se restaurer

Châssis
Sert à fortifier les jeunes plants

Espace de rangement
Bac, boîtes et fûts utilisés pour entreposer divers matériaux, tuteurs, feuilles en plastique et grillages, par exemple

Carrés
Ils sont dévolus à des cultures permanentes (artichauts, asperges, rhubarbe, plantes condimentaires)

Compost
Bacs et autres récipients pour réaliser le compost

Semis
Une ou plusieurs de ces planches seront nécessaires

Fumier
Une meule en train de fermenter

Orientation
La parcelle doit être exposée au sud ou au sud-ouest

Filet protecteur
Structure permanente protégeant les arbres fruitiers (à baies)

Allées secondaires
Servent à fractionner les carrés en facilitant ainsi la rotation des cultures

Brise-vent (bas)
Installé le long de la bordure du nord-est

Minitunnel
Armature recouverte d'un filet en plastique ou d'un grillage

Pente douce
Il suffit d'une légère pente pour que l'eau s'écoule

Arbres fruitiers
Plantez des arbres bas à croissance lente ou taillés de chaque côté de la parcelle

Arrivée d'eau
Dans l'idéal, on doit pouvoir y accéder facilement à pied

Rotation des cultures
Divisez la parcelle en trois zones principales, ou carrés, de sorte que la rotation des cultures soit plus aisée

Allée marginale
Une bonne allée borde les limites de la parcelle

Drainage
Une tranchée de drainage latérale est un bon emplacement pour placer des pierres et du gravas

Abris, outils et réservoirs

Quel abri choisir ?

À l'intérieur des limites fixées par le règlement de votre association, il vous est loisible de choisir un abri à votre convenance. Votre parcelle est régie par des réglementations spécifiques et, bien sûr, votre abri doit satisfaire à la sécurité et la fonctionnalité, mais le reste vous concerne. Je connais un abri de jardin bâti à partir de l'arrière de la coque d'un voilier, et un autre apparemment à base d'un mic-mac de châssis de fenêtres en chêne.

Cette nouvelle parcelle prend juste forme, avec quelques cultures d'aspect sain, un petit abri et un réservoir à eau pratique.

DIVERSES OPTIONS

Petit abri à toit pointu et fenêtre latérale.

Abri moyen à toit pentu et fenêtre frontale.

Grand abri à serre intégrée.

Abri bon marché à double porte et sans fenêtre.

Abri bricolé avec des matériaux de récupération (vieux châssis, bois de récupération).

La tradition du bricolage

Traditionnellement, les jardins ouvriers étaient réservés aux personnes pauvres pour qu'elles aient de quoi nourrir leurs familles toute l'année. Par nécessité, les abris de jardins étaient bâtis avec des matériaux de récupération. Cette tradition a perduré de nos jours, mais elle est devenue un motif de fierté : par souci écologique, on bâtit un abri de ses mains avec des caisses d'emballage et autres matériaux recyclés.

Un abri est-il nécessaire ?

Tout dépend bien sûr de la distance du jardin à votre habitation, mais il vous faut de toute façon un lieu pour accrocher vos outils, préparer vos semences, et entreposer seaux, sacs et autres accessoires nécessaires à l'entretien du jardin. L'abri est également appréciable pour s'asseoir ou boire un café.

L'intérieur de l'abri

L'abri idéal présente de nombreux crochets et clous pour accrocher les outils, le banc aussi grand que l'espace le permet, une ou deux grandes fenêtres, une chaise, un endroit pour entreposer seaux, sacs et brouette, et peut-être de la place pour une tondeuse. L'abri doit aussi être sûr et étanche.

Un alignement complet d'outils, avec une étagère, un bac en bois avec du sable huilé et un casier.

Une table de travail bien conçue est le lieu idéal pour passer le temps par temps pluvieux.

RÉGLEMENTATION

La réglementation des abris varie d'un jardin à un autre, et il est bon de s'informer auprès de votre association. La mienne limite les constructions à 1,50 m de large, 2,10 m de long et 2,10 m de haut au maximum. Elles peuvent être à base de matériaux neufs ou de récupération, du moment qu'ils sont peints en noir ou brun foncé. L'abri doit être à au moins 60 cm de l'allée la plus proche, et sa position doit être approuvée par les locataires voisins.

La réglementation du jardin d'un ami permet toutes sortes d'abris pourvu qu'ils soient fiables et que leurs propriétaires les protègent bien du vandalisme.

Outils et matériels

Bêche. Il vous faut une bêche pour retourner la terre adaptée à votre morphologie. Une bêche légère est bien plus maniable.

Fourche. Certains en ont deux, une à dents fines pour creuser, et une autre à dents plates pour déterrer les racines des plantes.

Râteau. Outil indispensable pour briser les mottes et pour préparer les planches de semis.

Binette. Il en existe deux types, l'un plus robuste (houe) à lames à deux tranchants pour sarcler les mauvaises herbes, un autre à col coudé (sarcloir) pour préparer les planches et biner.

Plantoir. Cet outil pointu permet de creuser des trous pour planter pommes de terre, haricots et autres. Un manche en bois brisé de fourche ou de bêche permet d'en réaliser un.

Déplantoir et griffe. Outils utilisés pour creuser des petits trous, assouplir le sol avant de planter, et pour soulever les petites plantes.

Sécateurs et cisailles. Utiles pour tailler rameaux et bâtons.

Ficelle et piquets. Indispensables pour tracer les alignements de légumes et pour délimiter les bords des allées gazonnées.

Filet en plastique. Utile pour repousser les oiseaux des cultures et pour soutenir les petites plantes.

Tuteurs. Servent à maintenir les plantes, à installer les filets, et à bien d'autres tâches.

Pots en plastique. Il faut disposer des pots de différentes tailles pour empoter ou rempoter les plantes.

Terrines à semis. Sert à faire lever les graines et à obtenir des plantules prêtes à repiquer en pot ou en pleine terre.

Terrines à cellules. Comme la précédente, mais divisée en compartiments, de sorte que les semis peuvent être repiqués avec toutes leurs racines.

Arrosoir. Un grand arrosoir est le minimum indispensable.

Brouette. Elle est utile pour transporter la terre pour diverses tâches.

Seau. Il vous en faut au moins un, pour transporter l'eau ou ramener les récoltes à la maison.

Citernes. La majorité des jardiniers possèdent une ou plusieurs citernes en plastique ou vieilles baignoires pour collecter l'eau de pluie provenant de la gouttière de l'abri. Leur aspect est parfois un peu négligé, mais elles sont un bon moyen d'économiser l'eau ainsi que les efforts consentis pour aller chercher de l'eau au robinet.

ÉQUIPEMENT DE BASE

Voici une sélection d'outils et de matériels susceptibles de vous servir. Des genouillères peuvent être également utiles et, si vous disposez d'une pelouse, il vous faudra une tondeuse et une cisaille à gazon.

Bêche — Fourche — Râteau — Binette — Sécateur — Cisaille — Plantoir — Déplantoir — Griffe — Ficelle et piquets — Ciseaux — Gants — Filet en plastique — Tuteurs (bambou) — Terrine — Terrine cellulaire — Pot en fibres — Cellules en fibre — Seau — Arrosoir — Brouette — Pots en plastique

Une citerne est indispensable, surtout si la parcelle est loin du point d'alimentation en eau.

Vandalisme

En moyenne, le vandalisme ne régresse pas. Soyez vigilants, même si face à des actes insensés comme l'arrachage des plantes et les tags on ne peut pas faire grand-chose. Vérifiez juste que la parcelle est bien close et que son aspect est soigné.

Vols

Enfermez à clefs vos outils en sortant. Pour dissuader ceux qui voudraient voler vos récoltes, maintenez votre parcelle bien soignée pour qu'ils supposent que vous ne devez pas être bien loin.

Préparation du terrain

Peut-on gagner du temps ?

Pas de surprise : la seule façon de préparer le terrain correctement est de retrousser ses manches et de s'y mettre ! On peut brûler les mauvaises herbes au lance-flammes, retourner la terre au motoculteur et utiliser divers robots agricoles, mais le seul vrai moyen d'aboutir correctement reste « l'huile de coude ». En disposant d'une bonne bêche, vous pouvez réaliser deux longueurs par jour (peut-être un peu plus quand le soleil s'en mêle), et le travail est vite terminé.

Une parcelle bien préparée : des allées gazonnées donnent accès aux planches dont la bordure est bien délimitée.

Comment bêcher correctement ?

Découpez une motte à partir de trois pressions sur le haut de la bêche. Retournez-la ensuite en faisant basculer le manche vers le sol, de manière à ce que la terre du dessous soit dessus et vice versa. Après avoir réalisé un premier rang, reculez d'un pas et commencez un nouveau rang inférieur.

Évitez les motoculteurs

Bien souvent, les motoculteurs (motobineuses) posent davantage de problèmes qu'ils en résolvent : coûteux, bruyants et pénibles pour le dos, ils se détraquent souvent. En outre, ils ne s'inscrivent guère dans la philosophie plutôt écologique des jardins familiaux. Pire que tout : ils hachent les mauvaises herbes ; cette « bouillie » d'herbes, enfouie à seulement quelques centimètres de la surface, ne demande qu'à redémarrer !

BÊCHAGE SIMPLE

Divisez la parcelle en deux parties dans le sens de la longueur. Dégagez une « tranchée » dans la première moitié ayant la profondeur et la largeur de la bêche et déposez la terre sur le côté. Mettez du fumier ou du compost au fond de la tranchée. Ôtez la couche de mauvaises herbes de la deuxième tranchée et retournez-la à l'envers dans la première tranchée. Dégagez le sol de la deuxième tranchée et déposez la terre sur les mauvaises herbes dans la première. Recommencez l'opération sur toute la longueur de la parcelle. Attaquez la seconde moitié et continuez et, à la fin, versez la terre de la tranchée initiale dans la dernière.

Le pour – Le contact étroit avec le terrain vous renseigne sur ses qualités.
Le contre – Cette activité prend assez de temps.

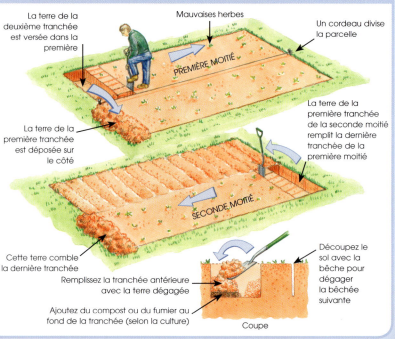

La terre de la deuxième tranchée est versée dans la première

Mauvaises herbes

Un cordeau divise la parcelle

PREMIÈRE MOITIÉ

La terre de la première tranchée de la seconde moitié remplit la dernière tranchée de la première moitié

La terre de la première tranchée est déposée sur le côté

SECONDE MOITIÉ

Cette terre comble la dernière tranchée

Remplissez la tranchée antérieure avec la terre dégagée

Ajoutez du compost ou du fumier au fond de la tranchée (selon la culture)

Découpez le sol avec la bêche pour dégager la bêchée suivante

Coupe

BÊCHAGE DOUBLE

Délimitez le milieu de la parcelle. Creusez à la bêche deux « tranches » parallèles afin d'obtenir une tranchée d'environ 60 cm de large, et déposez la terre sur le côté. Ajoutez du compost (ou du fumier) au fond de la tranchée et retournez-le en y enfonçant la fourche. Découpez des mottes de gazon d'environ 5 cm d'épaisseur dans les deux tranches suivantes et renversez-les dans la première tranchée. Puis dégagez la terre de ces deux tranches et déposez-la sur les mottes de façon à remplir la première tranchée. Répétez l'opération sur toute la longueur de la première partie de la parcelle, puis attaquez la seconde. Au terme de cette dernière, déposez le contenu des deux tranches initiales dans la dernière tranchée.

Le pour – Si le sol est morcelé jusqu'à deux bêchées de profondeur, le sous-sol reste intact.

Le contre – C'est une tâche très rude.

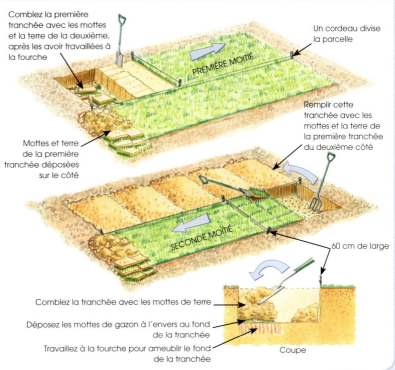

Comblez la première tranchée avec les mottes et la terre de la deuxième, après les avoir travaillées à la fourche

Un cordeau divise la parcelle

PREMIÈRE MOITIÉ

Remplir cette tranchée avec les mottes et la terre de la première tranchée du deuxième côté

Mottes et terre de la première tranchée déposées sur le côté

SECONDE MOITIÉ

60 cm de large

Comblez la tranchée avec les mottes de terre

Déposez les mottes de gazon à l'envers au fond de la tranchée

Travaillez à la fourche pour ameublir le fond de la tranchée

Coupe

LES TRANCHÉES

Divisez la parcelle en deux dans le sens de la longueur. Dégagez une tranchée de 45 cm de large et de 2 bêchées de profondeur. Extrayez la bêchée supérieure de la tranche suivante et déposez-la sur un côté. Enlevez la bêchée inférieure de la 2e tranchée et déposez sa terre dans la 1re tranchée. Dégagez ensuite la bêchée supérieure de la 3e tranchée et comblez la 1re avec. Enlevez les racines profondes des mauvaises herbes. Procédez ainsi sur toute la longueur de la parcelle et de même sur la seconde moitié.

Le pour – Le terrain est remanié sur une profondeur de trois bêchées et enrichi en végétation.

Le contre – Cela nécessite temps et efforts.

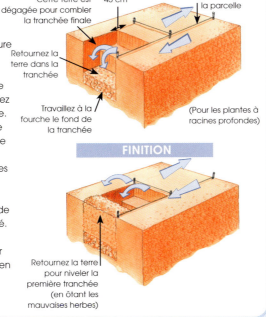

DÉMARRAGE

Cette terre est dégagée pour combler la tranchée finale

45 cm

Cordon divisant la parcelle

Retournez la terre dans la tranchée

Travaillez à la fourche le fond de la tranchée

(Pour les plantes à racines profondes)

FINITION

Retournez la terre pour niveler la première tranchée (en ôtant les mauvaises herbes)

Préparation d'une tranchée

Remblayez la tranchée avec la terre

À la fourche, placez du fumier au fond de la tranchée

Fertilisez la terre

Pour préparer le terrain avant de planter des haricots, des courgettes, ou autres, creusez une tranchée de 45 cm de large et d'une bêchée de profondeur, et déposez la terre sur un côté. Disposez à la fourche compost ou fumier dans le fond (de sorte que celle-ci soit totalement enfoncée). Comblez ensuite la tranchée avec la terre du déblai.

Compost

Quelles matières utiliser ?

Il est préférable d'utiliser des matières végétales tendres, du fumier et des épluchures venant de la cuisine. Sont également exploitables feuilles, tontes de gazon et tailles de haies, un peu de papiers de journaux, sachets de thé usagés, fleurs fanées, résidus de cultures, fumier de cheval et litières de divers animaux domestiques végétariens (lapins, chèvres, etc.). N'utilisez en aucun cas les excréments de chats ou de chiens ou des restes de nourriture.

Il y a compost et compost

Il peut y avoir une certaine confusion sur ce qu'on entend par « compost ». D'un côté il y a le compost que nous utilisons pour fertiliser le sol – toutes les substances que nous entassons dans la poubelle à compost – et de l'autre il y a les amendements composés utilisés pour certaines graines et plantes. Se fondant sur la croyance répandue qu'avoir un jardin familial impliquait le recyclage, de nombreux jardiniers élaborent aussi leurs propres amendements à partir du compostage.

Les terreaux « John Innes »

Ces terreaux à base de limon ne sont pas des marques commerciales, mais des formules élaborées, au début du xxᵉ siècle, à l'institut John Innes. Les différentes variantes sont basées sur des mélanges variables de terreau, d'argile, de tourbe, de sable et d'engrais.

Le compostage

Un compost bien réussi remplace favorablement le fumier. Disposez 15 cm d'épaisseur de mauvaises herbes, d'épluchures de légumes et matières semblables. Arrosez cette couche et saupoudrez de sulfate d'ammoniac et de superphosphate de chaux, ou avec un accélérateur de décomposition de marque déposée. Pour chaque couche, recommencez l'opération jusqu'à ce que le récipient soit plein. Ce dernier peut être rempli en quelques heures, en plusieurs semaines, voire en plusieurs mois.

Les récipients

EN BOIS (SIMPLE)

Encoche d'assemblage

EN BOIS (DOUBLE)

Assemblage par vis

Six poteaux robustes

À incorporer au compost

● Fumier de l'écurie et de la cour de la ferme ● Litière d'animaux de compagnie végétariens ● Déchets de fruits et de légumes ● Déchets organiques (tendres) de la parcelle ● Papier et carton ● Tontes de gazon, et tailles de fleurs et de mauvaises herbes ● Produits d'origine naturelle (coton, laine,…)

Ne pas incorporer au compost

● Verre ● Boîtes en métal ● Médicaments périmés (ou non) ● Excréments de chats ou de chiens ● Animaux morts ● Divers aliments, cuits ou non ● Plastique ● Peinture, huiles ou solvants ● Matières synthétiques (comme le nylon) ● Mauvaises herbes prolifères ● Couches (de bébés)

Récipients vendus dans le commerce

Les coffres ou poubelles en plastique sont moins pratiques que les grands modèles en bois, mais restent adaptés au stockage de petites quantités de matières compostables (détritus de cuisine, par exemple). Les poubelles en plastique sont inesthétiques et s'écartent de la philosophie de la récupération avec les moyens du bord, même si elles remplissent bien leurs tâches. Assurez-vous qu'elles ont été élaborées à partir de matériaux recyclés.

LE VERMI-COMPOST

Le vermi-compost est une option originale : les vers transforment vos déchets en compost de qualité – parfait pour la culture – bien plus efficace en cela qu'un coffre à composter. On peut acheter un silo à vers complet avec ses vers, ou le fabriquer avec une poubelle en plastique et en achetant les vers (*Eudrilus*, *Eisenia*). Vos enfants seront heureux de vous aider à pratiquer cet « élevage » singulier…

Fumier et engrais

Quelle est la différence ?

On nomme fumier un matériau solide d'origine organique et naturelle, un matériau qui donne une quantité d'humus, tels que les bouses, les crottins et la paille. Un engrais est d'origine organique ou non et une source de nutriment plus concentrée pour les plantes, avec peu ou pas d'humus. Ainsi, par exemple, un engrais azoté peut être obtenu à base de matériaux organiques, tels que le sang et les os, ou à partir de matériaux inorganiques, tels que les nitrates minéraux et le nitrate de potassium (KNO_3).

Le fumier ne produit pas que de l'odeur !

L'odeur du fumier peut incommoder, mais c'est une source d'humus essentielle pour l'entretien de la structure du sol. Davantage d'humus imprègne la terre, plus elle est fertile. L'humus conserve l'humidité, apporte de la nourriture aux plantes et empêche plus généralement le sol de s'appauvrir. Si vous avez le choix entre le fumier de cochon, de bœuf, de volaille ou de cheval, c'est ce dernier qui convient le mieux : facile à manipuler, riche en azote, plus fibreux, il est plus riche que celui de bovin. Celui de crottin de lapin est très bon mais d'ordinaire disponible en faible quantité.

Ai-je besoin d'engrais ?

Les forêts et autres milieux naturels suffisent à s'auto-entretenir, aucune perte et aucun besoin d'engrais, les animaux et les végétaux se développent, se nourrissent, le compost en découle et enrichit le sol naturellement. Si vous travaillez de la sorte, vous maintenez la fertilité du sol, contrôlez ravageurs et maladies, simplement par le recyclage avec le compost et le fumier. Les engrais restent des palliatifs à court terme.

L'équilibre du pH

L'équilibre du pH des sols reste instable. Certains sols sont au départ plus acides que d'autres : un sol argileux est plus acide qu'un sol sableux, lui-même plus acide qu'un sol calcaire. En outre, tous les sols s'acidifient par la culture (le pH baisse). Vous pouvez tester le pH d'un sol et réduire son acidité avec de la chaux, mais il vaut toujours mieux cultiver les plantes qui prospèrent le mieux dans le type de sol dont vous disposez.

LES DIFFÉRENTS TYPES DE FUMIERS

Fumier de cheval. Fibreux, environ 0,6 % d'azote. Bon pour les sols lourds et pour les couches. De manipulation facile, bon marché, et facile à obtenir dans les fermes et les écuries.

Fumier de bovins. Humide, environ 0,4 % d'azote. Bon pour les sols légers sablonneux. Difficile à manipuler si on ne l'associe pas à des matériaux absorbants comme la paille.

Fumier de volaille. Odorant et riche : environ 1,8 % d'azote. Utile pour les terrains en attente (jachère). Cependant l'odeur désagréable et l'humidité peuvent incommoder durant la manipulation.

Fumier de lapin. Odorant et riche en azote. Très bon quand on en a suffisamment. Faites un mélange de fumier et de sciure de bois, cela sera facile à utiliser et pratique.

Goémon. Très odorant, environ 0,5 % d'azote. Agréable à manipuler, se décompose vite et s'obtient (localement) librement.

Différents types d'engrais

Engrais chimiques. Il y a longtemps que certains engrais chimiques, comme les nitrates, sont considérés comme « néfastes » par les traditionalistes, leur idée étant que, si ces nourritures artificielles sont efficaces à court terme, elles endommagent le sol sur le long terme. Il est donc préférable d'employer des engrais organiques.

Engrais à base d'os. C'est un bon engrais organique d'action rapide. Appliquer en fin d'hiver ou au début du printemps. Bon pour la croissance des racines.

Guano. Engrais traditionnel, maintenant dur à trouver. Aide à épaissir l'humus.

Farine de poisson. Bon engrais généraliste, et écologique quand la farine est un produit dérivé.

Farine de cornes. Source d'azote à diffusion lente qui favorise la croissance du feuillage et des racines.

Cendre de bois. La qualité varie. Écologique quand c'est un produit dérivé d'une activité forestière bien gérée. Riche en potasse.

Comment utiliser le fumier

On peut répandre le fumier quand la terre est gelée et l'enterrer quand elle a fondu, le sol étant au repos jusqu'à la saison de croissance suivante, ou on peut l'étaler sous forme de paillis épais. Si vous étalez vraiment le fumier frais sous cette forme, évitez le contact direct avec les salades. Portez des gants et lavez-vous les mains ensuite.

Comment utiliser les engrais

On peut répandre les engrais sur le sol sous forme de poudre sèche ou en bâtonnets, ou dilués dans de l'eau avant application. Prenez garde de ne pas inhaler de poussière lorsque vous étalez de l'engrais organique en poudre. Portez toujours des gants et lavez-vous les mains ensuite. Sachez aussi que certains amateurs sont opposés aux engrais.

Rotation des cultures

Est-elle nécessaire ?

Les diverses sortes de cultures sollicitent des nutriments du sol différents. Si vous cultivez, par exemple, toujours des choux sur la même parcelle, le sol sera carencé en azote et les plantes dépériront. Il est donc déconseillé d'enchaîner toujours la même culture sur le même type de sol. La rotation des cultures maintient l'équilibre entre les différentes matières nutritives et permet de contrôler les divers nuisibles et maladies.

Une bonne disposition

Lorsque vous divisez votre parcelle (jusqu'à 4 parties) – cultures permanentes, choux, autres légumes à feuilles, légumes à racines – essayez de disposer l'ensemble de sorte que chaque partie soit orientée dans l'axe nord-sud. Si vous regardez l'agencement illustré ci-contre, vous observez que la parcelle permanente est au nord, de sorte qu'en offrant une certaine protection aux vents froids, les structures ne projettent pas d'ombres importantes. Vous devriez conserver un plan des cultures, sous forme de journal, par exemple, de façon à vous y référer lorsque vous élaborerez les plans des années à venir.

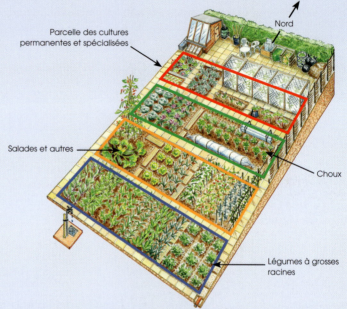

Parcelle des cultures permanentes et spécialisées

Nord

Salades et autres

Choux

Légumes à grosses racines

PLAN DE ROTATION TRIENNAL

Pour assurer la rotation des cultures, une bonne solution consiste à diviser le jardin en quatre parcelles. L'une est réservée aux cultures permanentes et spécialisées, tandis qu'on pratique une rotation sur 3 ans dans les trois autres. Par exemple, les légumes à racines seront cultivés dans la parcelle numéro 1 la première année, puis dans la deuxième, puis dans la troisième (avec retour dans la première parcelle la quatrième année). Mais on peut faire tourner les cultures au sein même des parcelles : lorsque vous décidez de planter dans la parcelle 1, vous pouvez le faire dans un ordre différent : les carottes peuvent suivre les pommes de terre, les rutabagas les betteraves, etc.

CULTURE PERMANENTE

Les cultures qui suivent sont permanentes car elles peuvent rester dans le même carré durant un certain nombre d'années sans problèmes.

● Asperge – Peut rester en place durant 10 à 20 ans.

● Artichaut – Prospère au bout de 3 à 4 ans.

● Laurier – Arbuste vivace rustique. Aime les sols drainés conservant l'humidité en exposition ensoleillée.

● Bourrache – Plante annuelle rustique.

● Cerfeuil – Bisannuelle rustique le plus souvent cultivée comme annuelle.

● Ciboulette – plante vivace forme des touffes basses.

● Aneth – Annuelle résistante.

● Fenouil – Plante vivace herbacée robuste.

● Menthe – Plante vivace herbacée rustique.

● Persil – Bisannuelle rustique.

● Rhubarbe – Peut se maintenir indéfiniment dans le même carré.

● Romarin – Buisson vivace.

● Sauge – Buisson vivace rustique.

● Thym – Plante ligneuse naine rustique.

LES « SPÉCIALITÉS »

Les plantes qui suivent sont dites « spécialisées » pour l'unique raison qu'elles peuvent être cultivées dans la parcelle permanente.

● Tomates, courges et courgettes, aubergines, poivrons.

PLAN DE ROTATION TRISENNAL (SUITE)

LES CHOUX (EN ROTATION

Choux et plantes affectionnant les mêmes sols

- Brocoli
- Chou de Bruxelles
- Chou
- Chou-fleur
- Chou frisé
- Chou-rave
- Radis

AUTRES LÉGUMES (DONT SALADES) (EN ROTATION)

- Haricots à rames
- Haricots nains
- Fève
- Céleri-rave
- Scarole
- Laitue
- Oignon, ail et échalote
- Pois
- Bette (poirée)

LÉGUMES À RACINES (EN ROTATION)

Légumes à racines consommées et plantes affectionnant les mêmes sols

- Betterave
- Carotte
- Endive
- Panais
- Pommes de terre
- Rutabaga
- Salsifis
- Poireau
- Épinard
- Maïs doux
- Céleri branche

1re ANNÉE

LÉGUMES À RACINES		LÉGUMES (DONT SALADES)	CHOUX
POMMES DE TERRE		HARICOT D'ESPAGNE	BROCOLI
		LAITUE	CHOU DE BRUXELLES
		POIS	
ÉPINARD	MAÏS	LAITUE	CHOU
PANAIS	DOUX	POIS	
MAÏS DOUX		LAITUE	RADIS
CAROTTE		FÈVE	
BETTERAVE			CHOU FRISÉ
CELERI		BETTES	
RUTABAGA		OIGNON	CHOU-FLEUR
POIREAU		ENDIVE	
SALSIFIS			RADIS
PANAIS		HARICOT VERT	
ENDIVE		CÉLERI-RAVE	CHOU-RAVE

2e ANNÉE

LÉGUMES (DONT SALADES)	CHOUX	LÉGUMES À RACINES	
HARICOT D'ESPAGNE	BROCOLI	POMMES DE TERRE	
LAITUE	CHOU DE BRUXELLES		
POIS			
LAITUE		ÉPINARD	MAÏS
POIS	CHOU	PANAIS	DOUX
LAITUE		MAÏS DOUX	
FÈVE	RADIS	CAROTTE	
		BETTERAVE	
BETTES	CHOU FRISÉ	CELERI	
OIGNON		RUTABAGA	
ENDIVE	CHOU-FLEUR	POIREAU	
		SALSIFIS	
HARICOT VERT	RADIS	PANAIS	
CÉLERI-RAVE	CHOU-RAVE	ENDIVE	

3e ANNÉE

CHOUX	LÉGUMES À RACINES		LÉGUMES (DONT SALADES)
BROCOLI	POMMES DE TERRE		HARICOT D'ESPAGNE
CHOU DE BRUXELLES			LAITUE
			POIS
	ÉPINARD	MAÏS	LAITUE
CHOU	PANAIS	DOUX	POIS
	MAÏS DOUX		LAITUE
RADIS	CAROTTE		FÈVE
CHOU FRISÉ	BETTERAVE		
	CELERI		BETTES
	RUTABAGA		OIGNON
CHOU-FLEUR	POIREAU		ENDIVE
RADIS	SALSIFIS		HARICOT VERT
	PANAIS		
CHOU-RAVE	ENDIVE		CÉLERI-RAVE

Associations et mélanges des cultures

Quelle est la différence ?

Le but est d'optimiser le potentiel des parcelles. Les mélanges sont constitués de divers légumes à croissance rapide qui peuvent pousser dans un carré disponible ; les associations consistent à alterner légumes à croissance rapide et légumes à croissance plus lente. Ainsi, les radis peuvent être associés au céleri branche, et les laitues aux haricots. Inconvénient des deux systèmes : la promiscuité peut favoriser ravageurs et maladies.

Un mélange de tomates, betteraves et carottes est non seulement productif mais aussi très attrayant.

Ces laitues à croissance assez rapide poussent en association avec le maïs (au-dessus) et la carotte (à droite).

Est-ce aussi compliqué qu'il y paraît ?

Dans la mesure où on peut planter les légumes à croissance rapide dès qu'une place se libère ou entre ceux à croissance lente, les deux systèmes sont assez simples et faciles. La difficulté naîtra du fait que ces plantes se trouveront en concurrence pour la lumière et l'air : certaines plantes semblent mieux profiter de cette cohabitation. Si vous manquez de place, il faudra choisir entre une culture intensive en mélange et une plantation en carrés dans lesquels les légumes sont plus ou moins en contact.

Les avantages

Ils résident dans le fait que la parcelle est pleinement exploitée – pas d'espaces vacants –, et l'entretien du sol se résume au sarclage. Les deux systèmes permettent de tirer parti de l'évolution du terrain. Si certains carrés se dégarnissent, ou si de l'espace se libère entre des légumes à croissance lente (ou quand une rangée périclite), il suffit de planter des variétés à croissance rapide pour tirer parti de la situation. Le système offre de la souplesse et la possibilité de compenser ce qui serait, sinon, une perte d'espace.

Plantes compagnes

Ce sont celles qui semblent tirer parti de leur voisinage. Par exemple, l'œillet d'Inde repousse les aleurodes en contact avec le chou, les oignons semblent offrir une certaine protection contre la mouche de la carotte. Essayez et voyez si cela fonctionne…

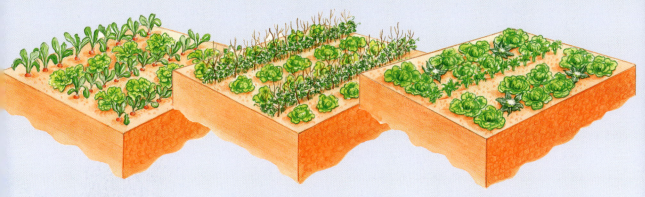

Laitues et radis. *Fin mars, semez un sachet de diverses variétés de laitues en lignes espacées de 10-13 cm. Semez des lignes de variétés de radis entre les rangées précédentes. Cueillez ces légumes lorsqu'ils sont prêts.*

Laitues et pois. *Semez des pois hâtifs en mi-mars en lignes espacées de 38 à 120 cm, selon la variété. Début avril, semez des lignes de laitues entre les rangées. Récoltez ces légumes quand ils sont prêts.*

Laitues, carottes et choux-fleurs. *Semez quatre lignes de laitues espacées de 30 cm en début avril. Mi-avril, semez une ligne de carottes entre les deux rangées de laitues du milieu. À la fin de ce mois, semez des choux-fleurs entre les laitues dans les rangées externes.*

AUTRES IDÉES D'ALTERNANCES

Ci-dessous des exemples de solutions d'associations.

Exemple 1

Février
Plantez deux lignes de laitues espacées de 30 cm, avec 30 cm entre les lignes.

Mars
Plantez des choux-fleurs entre chaque seconde laitue. Semez aussi des carottes entre les deux rangées.

Mai
Coupez les laitues et disposez des haricots nains entre chaque chou-fleur.

Juin
Récoltez les choux-fleurs et mettez des haricots et des carottes.

Juillet
Creusez deux tranchées et plantez du céleri branche. Plantez des épinards ou des laitues entre le céleri. Ce dernier est suivi par des navets, des carottes et des bettes.

Exemple 2

Mars
Plantez des pommes de terre hâtives.

Août
Ramassez les pommes de terre et plantez des variétés de choux de diverses tailles espacés de 30 cm dans des rangées à 60 cm l'un de l'autre.

Octobre
Plantez des laitues à 20 cm de distance dans une rangée entre celles des choux.

Décembre
Récoltez les petits choux.

Février
Cueillez les derniers petits choux et plantez des fèves à la place.

Avril
Récoltez les dernières laitues et semez une rangée de haricots à rames pour remplir l'espace disponible.

Janvier
Après avoir récolté tous les haricots et retourné la parcelle, plantez des échalotes.

Juin
Après la récolte des échalotes, enfouissez du fumier puis plantez du céleri branche espacé de 30 cm en rangées de 38 cm d'écartement. Semez des radis entre les lignes.

Exemple 3

Octobre
Plantez de la romaine en lignes espacées de 30 cm.

Février-mars
Semez des pois nains entre les lignes de salades.

Juin-juillet
Récoltez les pois et plantez des brocolis espacés de 45 cm en lignes de 60 cm d'écartement. Semez des laitues entre les rangées.

Mai
Enlevez tout et répandez un peu de compost dans le sol. Plantez des concombres.

Août
Plantez des choux-fleurs entre les concombres.

Contrôle des mauvaises herbes

Qu'est-ce qu'une mauvaise herbe ?

Une mauvaise herbe n'est finalement qu'une plante qui pousse au mauvais endroit. On peut toujours faire pousser dans une prairie des marguerites et des coquelicots – très appréciés dès lors qu'ils sont là où on le souhaite –, mais si ces fleurs s'invitent dans votre potager, elles deviennent indésirables. Il peut s'agir de bisannuelles, d'arbustes ou d'arbres, ou même de légumes. L'arrachage à la main reste la façon la plus facile et la plus sélective pour les contrôler.

LES ESPÈCES COMMUNES ET COMMENT S'EN DÉBARRASSER

LISERON
Vivace à racines profondes, lesquelles doivent être dégagées, car le moindre morceau peut donner une nouvelle herbe. Recouvrez la terre fraîchement retournée avec une feuille de plastique et continuez de biner et fourcher le sol.

MOURON DES OISEAUX
Une annuelle dont on se débarrasse facilement tant qu'elle n'a pas pu donner de graines. Binez les jeunes pousses et arrachez les plantes bien établies. Les racines peu profondes s'enlèvent au sarclage.

CHIENDENT
Une vivace rampante. Binez, fourchez et arrachez à la main en essayant d'enlever toutes les racines. Répétez l'opération à intervalles réguliers.

BOUTON D'OR
Une vivace décroissante qui s'arrache plus facilement au transplantoir ou au cultivateur. Fourchez le sol régulièrement et enlevez les jeunes pousses dès qu'elles apparaissent.

PISSENLIT
Une vivace persistante arrachée au transplantoir ou au cultivateur. Ne pas laisser monter en graines. Quand les parcelles avoisinantes sont envahies par les pissenlits, recouvrez-les d'une feuille de plastique.

SÉNEÇON
Une annuelle dont il est assez facile de se débarrasser pourvu qu'on ne la laisse pas monter en graines. Binez les jeunes pousses ou arrachez-les à la main. Remuez régulièrement la terre et ôtez les indésirables dès qu'elles apparaissent.

PRÊLE
Vivace persistante rampante qu'on ne déloge qu'en retournant profondément la terre, de simples vestiges de racine pouvant donner une nouvelle plante. Plante pernicieuse très difficile à éradiquer. Remuez régulièrement la terre et arrachez les jeunes plantes.

ORTIE
Vivace persistante rampante. Arrachez les racines et brûlez-les. Remuez régulièrement la terre et arrachez les racines rampantes.

Quand faut-il désherber ?

Cette activité est permanente. Retournez la terre au printemps pour enlever les racines, coupez les mauvaises herbes dès qu'elles fleurissent, et recouvrez le sol avec une feuille de plastique si le terrain en est recouvert. L'arrachage manuel ou à la binette des mauvaises herbes est une tâche ingrate. Le mieux est de désherber « en chemin » : si, par exemple, vous consacrez votre temps à l'arrachage des pommes de terre ou à creuser des tranchées pour planter des courges, vous pouvez en profiter pour faire attention aux mauvaises herbes. L'éradication des indésirables paraît moins fastidieuse lorsqu'il s'agit d'une activité en marge d'une autre plus importante.

Bêchage, binage et arrachage manuel

En réalité, la plupart des mauvaises herbes persistantes à racines profondes doivent être arrachées à la main (par binage, bêchage ou arrachage direct). Quand vous observez un jardinier expérimenté en train de bêcher, vous le voyez retourner une motte, ôter quelques herbes et leurs racines, se redresser pour s'étirer le dos, creuser une nouvelle motte, enlever d'autres racines, et ainsi de suite. Ce sera largement la même chose quand il binera une plante. Il remuera la terre avec sa binette, inspectera les plantes à la recherche des racines profondes des envahissantes, prêt à faire face au moindre problème.

PROTECTIONS CONTRE LES MAUVAISES HERBES

Le paillage

PAILLIS ORGANIQUE

▲ Recouvrez le sol d'une couche de compost, cela étouffe les mauvaises herbes et enrichit le sol.

PAILLIS VIVANT

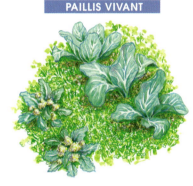

▲ Faites pousser une plante basse, comme le trèfle, elle accapare toute la place disponible et peut être retournée en fin de saison.

SOL MEUBLE

▲ Le fait de gratter la couche superficielle du sol à la binette crée une pellicule meuble qui limite la croissance des mauvaises herbes et contient l'humidité.

Paillage plastique

◄ En recouvrant le sol avec un vieux film plastique, vous faites barrage aux herbes indésirables et laissez filtrer l'humidité.

Copeaux de bois

◄ Une couche épaisse de copeaux de bois étouffe les mauvaises herbes et facilite leur éradication. On peut la bêcher en fin de saison.

Brûlage

Passer au lance-flammes une nouvelle parcelle pour en brûler les mauvaises herbes permet au moins à un débutant de démarrer, certains apprécient le côté spectaculaire de l'opération, mais cela coûte cher, c'est peu raffiné et, pis que tout, inutile. Car il est bien plus facile de recouvrir le sol avec un vieux tapis, un film plastique, puis de retourner la terre peu à peu.

Herbicides

Dans les années 1950, jardiniers et fermiers les utilisaient sans retenues. Lorsqu'ils n'aimaient pas certaines herbes ou bestioles, une bonne giclée du produit réglait le problème. Mais, voyez aujourd'hui où nous en sommes : toujours autant de mauvaises herbes mais des sols appauvris et une biodiversité en péril. Lorsqu'on a compris qu'il n'existe pas d'herbicide sans problèmes, il devient facile d'accepter la seule approche valable : se passer des produits chimiques.

La protection des plantes

Pourquoi les protéger

Les plantes ont besoin d'être protégées pour diverses raisons décrites ci-dessous. En plus de « l'arsenal » traditionnel (serres ou cloches en verre, nattes et écrans de toile, châssis en bois et en verre, paniers en rotin, etc.), on dispose aujourd'hui d'équipements en plastique faciles d'emploi : mini-tunnels, cloches, films et bâches de tous types et épaisseurs, boîtes et bouteilles en plastique (recyclé, comme il se doit). Protéger les plantes n'a jamais été aussi facile.

Les serres et les tunnels-chenilles recouverts de film plastique sont un moyen peu coûteux et pratique pour protéger les plantes sensibles.

De quoi protège-t-on les plantes ?

Mis à part des éléments – vent, gel, soleil et pluies – vos plantes ont besoin d'être protégées des insectes qui cherchent à pondre dessus, tout autant que des oiseaux, souris, écureuils, etc. L'inconvénient en retour est qu'il faut arroser souvent, que la chaleur favorise certains nuisibles, et que, bien sûr, on ne bénéficie pas de l'appétit des oiseaux mangeurs d'insectes.

DIFFÉRENTS TYPES DE PROTECTION

Méthodes improvisées

▶ Il existe une solide tradition dans les jardins ouvriers : la confection de cloches et d'écrans avec des fenêtres de récupération. Une simple structure en A fait une cloche peu coûteuse parfaite pour la protection des semis. Deux vieilles fenêtres fixées avec des piquets et des cordes.

Deux vieilles fenêtres fixées avec des piquets et des cordes

Cloches

▶ Les cloches en verre sont efficaces, mais les minitunnels en plastique sont meilleurs. Quelques arches en bois ou en fil de fer recouvertes d'un voile en plastique donnent un excellent tunnel-chenille facile à manier, durable et peu coûteux.

Cloche à base de tôle ondulée en plastique transparent

Voile transparent en plastique maintenu par des arceaux en bois

Recyclage

▶ Les bouteilles d'eau en plastique donnent de très bonnes cloches parfaites pour protéger le semis, plus fiables et pratiques que les cloches en verre.

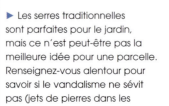

Bouteilles d'eau en plastique recyclées

Serres

▶ Les serres traditionnelles sont parfaites pour le jardin, mais ce n'est peut-être pas la meilleure idée pour une parcelle. Renseignez-vous alentour pour savoir si le vandalisme ne sévit pas (jets de pierres dans les vitres).

Une serre traditionnelle en briques, bois et verre

BRISE-VENT

Le vent peut occasionner des dégâts physiques, briser les plantes et souffler les structures en place, mais aussi abaisser la température au niveau du sol. On peut donc installer des brise-vent pour pallier ce problème.

Haies et palissades. Une bonne haie est idéale, mais une palissade bien conçue peut être utile. Si vous disposez de temps et d'espace, vous pouvez tisser un écran en osier, ou même en créer un vivant en plantant des rejets d'osier dans le sol.

Écrans en plastique. Un écran en plastique n'est certes pas très beau, mais c'est un bon moyen de protéger vos plantes de la fureur du vent. Utilisez des pieux robustes et des feuilles de plastique de récupération pour bâtir ces écrans provisoires.

Feuille de plastique transparent fixée à des poteaux

Écrans de bas niveau. On peut les installer pour des plantes spécifiques. Utilisez des pieux et de la tôle ondulée en plastique de récupération disposés de façon que les plantes soient abritées du vent.

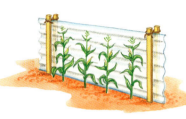

Tôle ondulée en plastique fixée à des pieux

RÉPULSIFS

Limaces et escargots. La meilleure façon de combattre ces mollusques est de disposer des pots et autres récipients retournés sur le sol, de sorte qu'ils y soient piégés puis ramassés à la main.

Papillons et coléoptères. Mon grand-père utilisait de vieux rideaux pour recouvrir ses choux et repousser ainsi les piérides, et cela marchait ! Désormais, on peut obtenir le même résultat avec toute une gamme de voiles horticoles. C'est une belle idée, ils laissent passer l'air, la lumière et l'eau, mais font barrage aux papillons, mouches de la carotte et toutes autres bestioles indésirables.

Oiseaux. Cordes et bâtons sont efficaces, mais certains filets sont mieux. La meilleure méthode est de protéger les plantes encore tendres – pour éloigner pigeons et consorts, puis d'enlever les filets quand le feuillage est plus coriace.

Lapins. La meilleure façon de faire barrage à ces animaux est d'entourer votre parcelle d'un filet à lapin à hauteur du genou et enfoncé jusqu'à 30 cm sous la surface du sol.

CÔNE PROTECTEUR

Ce cône fait maison n'est rien qu'un wigwam à base de canes de bambou, légèrement rembourrées de paille et enveloppées d'une feuille de plastique. Cela offre une bonne protection aux plantes vulnérables.

Autres idées de protection

Un ancien dicton affirme : « une ligne pour les oiseaux et une pour nous ». Dans bien des cas en effet, la meilleure défense, c'est de n'en avoir aucune. Tout ce que vous avez à faire, c'est de permettre à la nature de s'exprimer, afin qu'elle parvienne d'elle-même à un certain équilibre, avec des récoltes abondantes en prime.

Éviter les maladies

Jusqu'à un certain point, on peut éviter beaucoup de maladies par un entretien soigneux. Si vous maintenez le sol en bon ordre, choisissez des plantes saines qui s'y trouvent bien, utilisez des variétés résistantes aux maladies et ravageurs, associez celles qui bénéficient mutuellement de leur présence ; si vous faites la rotation des cultures, enlevez les aleurodes et les pucerons à mesure qu'ils apparaissent ; en définitive, plus vous garderez la parcelle propre et soignée, plus vous réduirez les problèmes.

La meilleure option est d'attirer les animaux qui se nourrissent de ravageurs. Ainsi, vous pouvez installer des nids pour attirer la mésange bleue, et vous pouvez avoir une petite mare pour y mettre grenouilles et crapauds, favorisez aussi lézards, orvets et tous les prédateurs des ravageurs de vos cultures. Si vous abusez des insecticides vous vous engagez sur une pente incertaine : certes, ils éradiqueront les insectes nuisibles, mais aussi ceux qui contribuaient à l'équilibre biologique du jardin.

Calendrier annuel

Le présent calendrier ne répond pas à toutes les questions, du fait que les particularités du sol et de la météorologie sont spécifiques à chaque région et parce que vous ne voulez peut-être pas cultiver tous les légumes proposés, mais il vous propose une trame et des repères chronologiques pour travailler.

JANVIER. Inspectez vos outils. Faites du tri dans vos piquets, pots, feuilles de plastique et autres toiles. Mettez les pommes de terre de semis à germer, rangez les graines, planifiez vos semis. *Sol* – Retournez le sol inoccupé (double bêchage si le temps le permet), épandez du fumier. *Semis et plantation* – Plantez des fèves dans un lieu abrité. Semez oignons, poireaux et radis dans un châssis ou une couche. Récoltez les choux hivernaux, les dernières carottes, le céleri branche, les endives et tout ce qui est disponible.

FÉVRIER. Nettoyez les allées et vérifiez tout l'équipement. Fermez les châssis la nuit. Observez bien votre potager : vous pouvez peut-être prendre de l'avance dans le bêchage. *Sol* – Utilisez fourche, binette et râteau pour préparer les carrés (recherchez un coin abrité où la pente est favorable). Arrachez les mauvaises herbes pour les entasser sur le tas de compost. *Semis et plantation* – Plantez artichauts et échalotes. Semez des pois hâtifs et, pourquoi pas, une 2e rangée de fèves. Semez carottes, laitues et radis en châssis ou couche, de même que poireaux, concombres, oignons et tomates. *Récolte* – À cueillir : choux de Bruxelles, choux d'hiver, dernières carottes et endives, céleri branche.

MARS. Ôtez les mauvaises herbes des allées, rapiécez les palissages, continuez le bêchage. Inspectez votre potager pour voir ce qu'il faudrait au besoin modifier dans sa disposition. *Sol* – Aplanissez la terre après le double bêchage. Continuez le binage des mauvaises herbes, surtout les vivaces à racine profonde. *Semis et plantation* – Semez en pleine terre des variétés rustiques : laitues et panais. Semez des légumes comme des épinards, brocolis, poireaux, oignons, pois, céleris, tomates et courges sous châssis (dans le carré ou en bac). *Récolte* – Choux de Bruxelles, autres choux, dont choux-fleurs.

AVRIL. Ramasser limaces et escargots. Inspectez les arbres fruitiers et arbustes divers. Si nécessaire, éclaircissez les lignes de semis et désherbez. Réduisez le nombre de germe des pommes de terre. Recouvrez les châssis la nuit. *Sol* – Continuez le binage des rangées de semis. Butez les pommes de terre. *Semis et plantation* – Presque tout peut désormais être semé en pleine terre. Plantez l'essentiel des pommes de terre. À la fin du mois, plantez oignons, radis, carottes, bettes, salsifis, scorsonères, scaroles, choux-raves, laitues, pois et épinards. Plantez tous les semis que vous avez déjà fortifiés, comme les choux de Bruxelles. Semez fèves, courges et courgettes sous châssis. *Récolte* – Bettes et brocolis.

MAI. Surveillez les jeunes pousses. Attention aux pucerons des fèves. Tuteurez les pois. Disposez un paillis autour des arbres et arbustes fruitiers. Enlevez l'excédent de gourmands des fraisiers. Arrosez les semis et désherbez. *Sol* – Préparez d'autres carrés de semis. Binez et ratissez régulièrement. Buttez les pommes de terre. Paillez entre les lignes de légumes. *Semis et plantation* – Dépiquez les semis de vivaces des châssis. Semez les légumes plus délicats en pleine terre, ainsi que les haricots et les pois. Semez encore des pois, des scaroles, des radis et des épinards d'été. Plantez choux de Bruxelles, brocolis et concombres. *Récolte* – Bettes, brocolis, premières betteraves et carottes, concombres en châssis, chicorées, etc.

JUIN. Apportez du compost frais. Arrosez soigneusement. Paillez autour des navets. Placez un voile horticole sur les arbres fruitiers. Rabattez les vieilles tiges des framboisiers. Nettoyez les serres froides et continuez de sarcler les mauvaises herbes. Surveillez la croissance des haricots d'Espagne et des pois. *Sol* – Binez encore, buttez les pommes de terre. Bêchez les carrés inutilisés. *Semis et plantation* – Repiquez les semis extraits de leurs carrés initiaux. Semez divers légumes : scaroles, laitues et radis, par exemple. *Récolte* – Récoltez selon votre bon vouloir.

JUILLET. Tuteurez les plantes un peu fatiguées. Récoltez les baies à mesure qu'elles sont mûres. Faites sécher les herbes aromatiques. Fumez en surface au fumier. Pincez et fortifiez les tomates si besoin. Arrachez et séchez les pommes de terre. Ôtez les mauvaises herbes. Aérez la serre et les châssis. *Sol* – Binez entre les légumes. Buttez les pommes de terre de saison. *Semis et plantation* – Repiquez céleris branches, choux de Bruxelles et brocolis. *Récolte* – Continuez de cueillir, consommer et entreposer.

AOÛT. Préparez les graines pour le semis automnal. Repliez la base des tiges d'oignons. Séchez les herbes aromatiques, entreposez vos légumes de garde pour l'hiver. Pincez les pousses supérieures des tomates. Nettoyez et retournez la terre. Protégez les fruits mûrs des oiseaux. Repiquez de nouveaux carrés de fraisiers. *Sol* – Bêchage, binage et sarclage. Retournez la terre des carrés de pommes de terre désormais vides. *Semis et plantation* – Semez encore des légumes de saison (chicorées, radis, épinards, oignons, etc.), diverses salades châssis, et des choux pour les plantations printanières. *Récolte* – Séchez les herbes aromatiques et ramassez haricots, tomates et fruits au fur et à mesure.

SEPTEMBRE. Protégez les récoltes du gel si nécessaire. Arrachez et entreposez les tubercules. Repiquez céleris branches et poireaux. Détruisez les chenilles. Taillez les framboisiers. Arrosez et sarclez si nécessaire. Blanchissez les chicorées. *Sol* – Sarclez, binez et ratissez dès l'arrachage des légumes. Buttez les plantes, si nécessaire. *Semis et plantation* – Repiquez les choux printaniers. Vérifiez vos sachets de graines et semez si possible. *Récolte* – Ramassez oignons, pommes de terre et fèves. Arrachez et entreposez les légumes à racines. Récoltez et stockez les fruits à mesure qu'ils mûrissent. Consommer les autres récoltes.

OCTOBRE. Surveillez les gelées et protégez en conséquence. Commencez à retourner les parcelles vacantes, continuez binage et sarclage. Nettoyez le sol et ajoutez les détritus au tas de compost. Nettoyez allées et haies. Éclaircissez les oignons. *Sol* – Binage et sarclage. Bêchage des carrés à mesure qu'ils se vident. *Semis et plantation* – Plantez rhubarbe et arbres fruitiers. Semez des pois dans un châssis froid. Semez de la salade sous serre. Repiquez les semis. Semez des pois hâtifs en serre. *Récolte* – Cueillez le reste des tomates. Arrachez céleris-raves et carottes.

NOVEMBRE. Surveillez les gelées et protégez en conséquence. Enlevez les feuilles et les détritus. Retournez la terre des parcelles vides. Binez et sarclez, si nécessaire. Enlevez les piquets et les tuteurs des pois et des haricots. *Sol* – Binez et sarclez. Bêchez les parcelles laissées vides. *Semis et plantation* – Semez des fèves dans les parties abritées. *Récolte* – Arrachez et entreposez les légumes à racines. Coupez, arrachez et consommez les autres légumes selon besoin.

DÉCEMBRE. Surveillez les gelées et protégez en conséquence. Nettoyez les outils. *Sol* – Binez et arrachez les mauvaises herbes. Bêchez les carrés à mesure qu'ils se vident. Fourchez la terre pour exposer les bestioles nuisibles. Vérifiez que les plantes entreposées sont en bon ordre. *Semis et plantation* – Si l'hiver est clément, vous pouvez planter des fèves. Ratissez la terre autour des pois. Semez de la salade en serre et protégez, si nécessaire. *Récolte* – Cueillez les dernières bettes, les choux de Bruxelles, les choux d'hiver, les dernières carottes, endives, les céleris branches.

Petit calendrier des semis

Le tableau suivant indique la date des semis, la distance entre les graines et celle entre les lignes pour une grande variété de légumes. Attention : il s'agit simplement d'un pense-bête ; il ne remplacera pas les instructions fournies avec vos semences.

LE CALENDRIER DES SEMIS, EN BREF

LÉGUMES	DATE DE SEMIS	DISTANCE ENTRE LES GRAINES	DISTANCE ENTRE LES LIGNES
Betteraves	mars-juillet	7,50-15 cm	30-60 cm
Brocolis	avril-mai	45-90 cm	60-90 cm
Carottes	mars-juillet	5-7,50 cm	15-30 cm
Céleris branches	avril	15-30 cm	0,90-1,20 m
Céleris-raves	mars-avril	30 cm	25-60 cm
Choux (printemps)	juillet-août	30-60 cm	30-60 cm
Choux (été)	février-mai	30-60 cm	30-60 cm
Choux (hiver)	avril-mai	30-60 cm	30-60 cm
Choux de Bruxelles	mars-avril	45-90 cm	45-90 cm
Choux-fleurs	mars-mai	45-60 cm	60-90 cm
Choux frisés	avril-juin	45-60 cm	60-90 cm
Choux-raves	mars-avril	13-15 cm	25-30 cm
Concombres pleine terre	mai-juin	60 cm	60-90 cm
Concombres (serre)	février-avril	60 cm	60-90 cm
Courges	avril-mai	60 cm	1,20-1,50 m
Courgettes	avril-mai	60 cm	1,20-1,50 m
Échalotes	mars	23 cm	23-30 cm
Épinards (été)	février-août	23-30 cm	30-38 cm
Épinards (hiver)	juillet-septembre	15 cm	30-38 cm
Épinards (persistant)	avril-juillet	15-20 cm	30-45 cm
Fèves	mai-février	13-20 cm	45-60 cm
Haricots	avril-juillet	5-75 cm	30-60 cm
Haricots d'Espagne	mai-juin	13-15 cm	1,50-2,40 m
Laitues	mars-septembre	25-30 cm	30-60 cm
Navets	avril-août	15-23 cm	30-38 cm
Oignons	mars-août	5-15 cm	23-30 cm
Panais	février-avril	13-15 cm	30-45 cm
Poireaux	février-mars	15-30 cm	30-60 cm
Pois	mars-juillet	13-15 cm	60-1,50 m
Poivrons	février-mars	45 cm	45 cm
Pommes de terre	mars-mai	30-45 cm	45-90 cm
Radis	janvier-septembre	2,50-5 cm	10-23 cm
Rutabagas	avril-juillet	15-23 cm	38 cm
Salsifis	avril-mai	13-15 cm	25-30 cm
Scorsonère	avril-mai	13-15 cm	25-30 cm
Tomates (pleine terre)	mars-mai	45 cm	90 cm
Tomates (serre)	février-mars	60 cm	90 cm

Préparation d'une planche de semis

Qu'est-ce qu'une planche de semis ?

Mis à part les graines germées en pots et pépinières sous châssis pour obtenir une levée précoce, la majorité des semis se font directement dans les planches du jardin délicatement préparées à leur intention. On doit les semer en lignes puis éclaircir les semis et les laisser en place – cas des carottes ou des radis, ou on peut les repiquer vers un carré définitif, une « planche ».

Une planche bien préparée avec ses mini-parois anti-limaces et escargots.

Les outils et le matériel nécessaire

Il vous faut les outils et le matériel de semis ci-dessous :

● Une griffe pour préparer les quelques centimètres de sol supérieur.

● Un sarcloir pour briser les mottes et tracer les sillons.

● Un râteau pour un labourage fin.

● Un tamis à gros grains pour terrain pierreux.

● Du cordeau et des piquets. Vous pouvez utiliser de la ficelle bon marché et la laisser en place pour savoir où ne pas mettre les pieds.

● Plantoir et déplantoir.

● Une planche, simple ou graduée.

● Une baguette graduée.

● Des voiles horticoles pour protéger les graines des oiseaux.

● Un ensemble de cloches et minitunnels pour mettre les graines sous abri.

● Un ensemble de brise-vent bas pour protéger les plantes vulnérables.

● Un seau pour mettre tous les détritus que vous râtissez.

● Deux arrosoirs, dont un avec une pomme fine.

COMMENT PRÉPARER UNE PLANCHE ?

Au début du printemps, visitez le jardin pour y tester le sol. S'il colle aux bottes, il n'est pas prêt ; s'il est sec à la surface mais humide et friable juste dessous, il est parfait. Utilisez la binette et le râteau pour affiner les 7,5 à 15 cm en surface. Dans un mouvement de va-et-vient, brisez les mottes et les aspérités, ratissez la surface, enlevez les grosses pierres et les bouts de bois, jusqu'à ce que le sol soit homogène.

Nivelage

◄ Utilisez les deux côtés du râteau pour obtenir une bonne finition – le dos du râteau amène les bosses dans les creux et ses dents fragmentent la terre en morceaux de plus en plus fins.

Traçage des sillons

◄ Posez une binette ou un râteau sur le sol, la partie métallique vers le haut, et appuyez fortement sur le manche, cela donne une empreinte semi-circulaire peu profonde d'environ 18 mm de large et 6 mm de profondeur.

COMMENT PRÉPARER UNE PLANCHE (SUITE)

Faire un sillon pour graines de taille moyenne

◄ Délimitez le sillon au cordeau. Utilisez un sarcloir légèrement incliné pour tracer un sillon en V le long du cordeau, dont vous ajustez ensuite la profondeur en fonction de la taille de vos graines.

Pour les semis ou les grosses graines

◄ Délimitez l'emplacement en cordeau. Avec un plantoir et une planche graduée creusez les trous à distance convenable et de profondeur adaptée aux graines concernées.

Problèmes/solutions

Sol collant. Quand il colle aux mains, c'est qu'il est probablement trop humide.

Temps humide. Dans l'idéal, choisissez un jour humide et un ciel couvert.

Pierres. On peut déplacer les grosses pierres qui se trouvent dans le passage des semis ; on peut aussi les laisser car elles aident au drainage.

Racines d'arbres. S'il y a beaucoup de racines, votre parcelle est probablement trop ombragée. Tranchez les petites racines à la bêche.

Protection. La meilleure option est de recouvrir les graines dès qu'elles sont sur le sol. Utilisez baguettes, cordes, filets, toiles, tout ce qui fait barrage aux pigeons, aux souris et autres ravageurs.

Arrosage. Utilisez un arrosoir à pomme fine pour les petites graines, et un avec un bec verseur pour faire une « pissette » sur les semis.

PLANCHES SURÉLEVÉES

De quoi s'agit-il ?
Il s'agit simplement de petits enclos qui vous permettent de surélever le sol au-dessus du niveau du terrain.

Avantages des planches surélevées
Le fait de surélever le sol dans un espace restreint offre plein d'avantages :
● Pas besoin de trop vous baisser.
● Aucun risque de piétiner le sol.
● Les plantes sont, en partie, protégées des ravageurs.
● Possibilité de modifier le sol pour l'adapter aux plantes.
● Les bords de l'enclos permettent de mieux faire barrage aux mauvaises herbes.

MÉTHODE 1

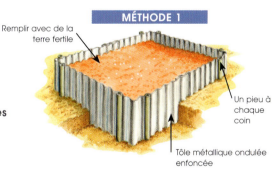

Remplir avec de la terre fertile

Un pieu à chaque coin

Tôle métallique ondulée enfoncée

◄ Une bonne méthode pour faire barrage aux plantes invasives (menthe, par exemple) et repousser les herbes rampantes : délimiter une planche de terre avec des tôles ondulées en métal ou en plastique (enfoncées profondément dans le sol, de façon que l'extrémité ondulée soit vers le haut). Maintenez l'ensemble avec des pieux enfoncés dans le sol. Recouvrez la marge coupante de la tôle ondulée avec des lamelles de bois ou de plastique.

MÉTHODE 2

Remplir avec de la terre fertile

Planches cloutées ou boulonnées

◄ Avec des planches épaisses de bois, bâtissez un châssis robuste placé sur le sol. Utilisez du bois de récupération, tel de que des chutes de bois de charpente ou de vieilles traverses de voie ferrée, qui font très bien l'affaire.

Semis et plantations

Faut-il avoir la « main verte » ?

Pour obtenir un potager florissant, il faut de l'inspiration, des tâtonnements, une documentation fournie, et une bonne dose de travail. Les jardiniers à la « main verte », que l'on voit en action dans les livres, à la télévision ou... en chair et en os, sont avant tout des gens enthousiastes et durs au labeur. Ainsi, quand vous semez vos graines et replantez les semis, si vous vous appliquez, vous ne pouvez que réussir.

Quand les semis sont assez grands pour être manipulés, repiquez-les chacun dans un pot en évitant de les endommager.

Ces oignons ont été soigneusement alignés en rangées et correctement espacés sur une terre bien préparée, avant d'être enfoncés directement dans le sol.

Culture à base de semences

La meilleure option est de cultiver vos plantes à partir de semences achetées dans le commerce. C'est bon marché, vous savez précisément de quelle variété vous disposez, vous avez la satisfaction de voir germer vos plantes et, avant tout, vous diminuez le risque d'importer maladies et ravageurs.

Les graines

La taille des graines varie de celles qui peuvent être manipulées individuellement – pois et haricots, par exemple – à celles si petites qu'on les sème à la pincée.

Les semis

En germant les graines donnent du semis. Les graines semées en pleine terre sont éclaircies à ce stade du semis. Les graines de légumes à racines pivotantes (carottes) doivent être semées directement en place. Les plantules qui ont germé en terrine sont repiquées en pots, ou directement en pleine terre, pour que la plante poursuive sa croissance.

Les bulbes

Les oignons et les échalotes se distinguent par le fait qu'on les cultive à partir de bulbes enfoncés directement dans le sol.

Les tubercules

Les pommes de terre se reproduisent à partir de tubercules souterrains, qui se développent en donnant des grappes souterraines de tubercules.

SEMIS EN TERRINE

1 *Obturez les trous de drainage avec des tessons de pot, remplissez la terrine de terreau humide, et tassez bien avec une planchette.*

2 *Avec une feuille de papier repliée en gouttière, étalez doucement les graines en tapotant du bout des doigts.*

3 *Avec un tamis fin, recouvrez les graines d'une couche fine de terreau adaptée au type de semences.*

4 *Tassez à nouveau et trempez la terrine dans une bassine d'eau (une demi-heure).*

SEMENCES EN TERRINE À ALVÉOLES

1 *Replacez généreusement la terrine de terreau puis nivelez avec une planchette en bois.*

2 *Tassez énergiquement pour niveler et consolider le terreau dans les alvéoles.*

3 *Semez dans chaque alvéole une ou plusieurs graines (selon le taux de germination prévu). Éclaircissez en sélectionnant les meilleures plantules.*

4 *Avec un arrosoir à pomme fine, arrosez juste ce qu'il faut pour humidifier le terreau.*

Pots en terreau

Les pots en terreau constituent une très bonne méthode pour des plantes assez délicates comme les tomates, du fait que le pot devient partie de la motte racinaire. Ainsi, tout l'ensemble peut être planté.

Autres contenants pour les semis

On peut effectuer des semis dans les contenants les plus variés, vieux pots de yaourts, boîtes à œufs, bouteilles en plastique fendues, en plus des terrines classiques. Les boîtes d'œufs en carton donnent des alvéoles en fibre très pratiques.

Germoirs

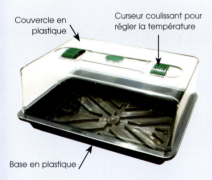

Couvercle en plastique

Curseur coulissant pour régler la température

Base en plastique

Le germoir est une version améliorée de la terrine couverte d'une plaque de verre. L'ensemble, constitué d'une base en plastique opaque et d'un couvercle en plastique, évoque une serre miniature. Les pots à semis sont simplement placés dans le germoir, et la lumière du soleil ou un petit appareil de chauffage fait le reste.

Semis et plantations dans le sol

Semis à la volée. Les petites graines (de carottes, par ex.) peuvent être semées à la pincée, ou écoulées en mélange avec du sable sec. Adaptez votre mouvement à l'espacement disponible.

Plantation des graines. Les graines de pois ou de haricots, voire celles des betteraves, sont assez grosses pour être manipulées individuellement.

Jeunes bulbes d'oignons
Enfoncez les bulbes d'oignons immatures dans la terre de sorte que seule l'extrémité dépasse.

Pomme de terre
Plantez-les avec un gros plantoir, dans un trou, ou disposées dans un sillon large. On peut les butter petit à petit ou entièrement du premier coup. Tracez un sillon large et peu profond, et disposez chaque graine à la main.

Tracez un sillon en V peu profond et écoulez les graines dedans.

On peut les espacer dans un sillon large ou les planter dans un trou.

Enfoncez doucement les jeunes oignons dans la position correcte.

Buttez les pommes de terre de façon que les germes soient recouverts.

ÉCLAIRCISSAGE

Ceci vous permet de sélectionner les meilleures plantules espacées convenablement. La densité initiale du semis peut être ajustée à la fertilité escomptée et à l'espacement définitif. Si vous avez une plante à très forte fertilité, comme la betterave, il est préférable de bien l'espacer dès le départ.

REPIQUAGE

Ceci consiste à arracher les frêles plantules pour les installer dans un lieu de croissance définitif. Des plantes comme les choux peuvent être déterrées au transplantoir, puis replantés ailleurs. Pour les plants de tomates, il est préférable de repiquer dans de petits récipients, afin de causer un minimum de dommages aux racines.

Culture des légumes, de A à Z

L'effort en vaut-il la peine ?

Chaque jour, ou presque, on nous informe des dangers de consommer des produits de mauvaise qualité achetés dans le commerce ; on vante, en revanche, les vertus des aliments « bio ». Il est attristant de songer que certains enfants n'ont jamais goûté aux primeurs comme les pois et les carottes. On peut donc se réjouir à l'idée que le fait de cultiver soi-même ses légumes gagne en popularité.

Un mélange prospère de légumes verts, radis et carottes : la perspective d'une bonne récolte.

À retenir

● Un coup d'œil chez vos voisins vous révélera que l'endroit et le terrain sont favorables pour certains légumes et moins pour d'autres. Votre terre peut par exemple être parfaite pour les légumes à racines pivotantes mais médiocre pour le maïs doux. Vous devrez probablement modifier vos prévisions de plantations en fonction de cela. Sachez, en outre, que certaines cultures sont plus faciles que d'autres.

● Quand le livre affirme « semez en avril » mais que vous voyez tous vos voisins semer la même chose en mars, essayez une rangée ou deux en avril, mais soyez prêt à les suivre éventuellement la prochaine fois en semant un peu plus tôt. En effet, les époques de semis et de plantations peuvent varier selon les conditions locales.

● L'entretien des plantes (engrais, arrosage, désherbage, contrôle des maladies et ravageurs, etc.) est la clé pour réussir un potager. Ne jamais négliger aucune de ces tâches.

● Un jardin productif est rarement parfaitement en ordre. Vous avez toujours plus à apprendre d'un voisin qui continue à récolter un peu de ceci ou de cela au début de l'hiver, alors que tous vos autres voisins ont un potager bien ordonné prêt à passer l'hiver.

Pour bien démarrer

Il est toujours préférable de commencer par des légumes de base comme les choux, les fèves et les pommes de terre. Ne tentez pas de retourner toute la parcelle la première saison et, plus important, ne brûlez pas les étapes. Comme pour toute entreprise durable, mieux vaut démarrer petit et travailler dur… Ayez une bonne connaissance d'ensemble du catalogue des semences, informez-vous auprès des jardiniers mitoyens sur ce qu'il faut faire et comment le faire, puis lancez-vous à votre rythme. N'essayez pas le double bêchage de la parcelle dès la première saison. Dessinez le plan d'ensemble de la parcelle, choisissez où installer l'abri, recouvrez le sol avec de vieux tapis ou du plastique noir pour tuer les mauvaises herbes, puis installez votre abri et commencez le bêchage. Il vaut mieux commencer par ses légumes préférés. Vous voulez obtenir les fèves les plus grosses et les meilleures ? Vous en récolterez sans doute assez pour nourrir une petite armée. Vous découvrirez aussi que travailler toute la journée dans le jardin pour s'offrir le même plat de fèves fraîches jour après jour peut-être lassant. Mais ce sera, en définitive, tellement agréable !

Cultivez « bio »

Les jardiniers d'aujourd'hui sont favorables à la culture « bio ». Qui accepte désormais, en effet, de consommer des légumes aspergés de produits toxiques ? Un bon conseil : abordez les choses progressivement, sans verser dans « l'extrémisme ». Commencez d'abord par ne plus utiliser de pesticides et d'herbicides. Plus tard, vous pourrez enchaîner en passant à l'emploi de fumier organique. Mais n'attendez pas de miracle : votre fumier de cheval vient sans doute d'une écurie où les chevaux sont nourris avec du fourrage non biologique ! Dans ce cas, dites-vous qu'un tombereau de fumier, cela vaut toujours mieux qu'une charretée d'engrais artificiel…
Vous pouvez, bien sûr, vous orienter vers la culture biologique intégrale, mais sachez que cela sera un combat difficile et qui ne dépendra pas seulement de vous : que peut-on faire, en effet, face au jardinier voisin qui veut passer le monde entier aux désherbants chimiques ? Faites donc simplement de votre mieux…

Artichauts

Si vous cherchez à combler un petit coin de votre parcelle, vous aurez du plaisir à expérimenter la culture de ce légume « exotique ». Et si vous vous considérez comme une sorte de gourmet, ce beau légume d'aspect épineux fera votre affaire et impressionnera vos hôtes !

Semis Plantation   Récolte

Jan	Fév	Mars	Avr	Mai	Juin	Juil	Août	Sept	Oct	Nov	Déc	Jan	Fév	Mars	Avr	Mai	Juin	Juil	Août	Sept	Oct	Nov	Déc

Green Globe
Deuxième après la variété Romanesco, Green globe est la variété que vous risquez le plus de rencontrer dans les parcelles. La tête vert foncé porte de belles feuilles, et on l'obtient plus facilement chez les pépiniéristes spécialisés.

Autres variétés

● **Romanesco.** Un peu plus petit que Green globe, avec des bourgeons floraux (« pommes ») rouge à pourpre. Il réussit bien les hivers longs et froids. C'est donc un bon choix pour les régions fraîches et venteuses. De toutes les variétés, c'est une des plus appréciée des cultivateurs.

● **Gros camus.** La variété d'artichaut la plus consommée en France, largement cultivée dans l'Ouest. Elle est très productive, mais présente l'inconvénient de craindre le froid. Dans la région méditerranéenne, on pourra préférer le **Violet hâtif nain**, ou le **vert de Provence** au petit capitule tendre consommé cru.

Sol et exposition

Les artichauts donnent mieux en sol profond et riche en humus, en plein soleil. Il leur faut un bon apport en compost (à étaler au printemps et en automne), un arrosage régulier en été, et un sol bien drainé en hiver. Typiquement, on les cultive en carrés. Faites une rotation sur 4 ans : plantez quelques plantes chaque année pendant 4 ans, puis récoltez celles de l'année 1 en année 5, celles de l'année 2 en année 6 en les remplaçant par de nouveaux, et ainsi de suite.

Semis et plantation

● On peut semer l'artichaut à partir de graines, mais la meilleure méthode est de planter des œilletons (rejets munis de bourgeons).

● Avril. Plantez un œilleton tous les 60 cm, à 10 cm de profondeur, en rangs espacés de 75 cm. Tassez bien la terre et arrosez copieusement.

● Arrosez tous les jours et donnez un peu d'ombre jusqu'au bon établissement des plantes.

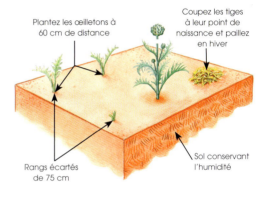

Plantez les œilletons à 60 cm de distance

Coupez les tiges à leur point de naissance et paillez en hiver

Rangs écartés de 75 cm

Sol conservant l'humidité

Entretien

En été, sarclez à la binette. Arrosez et paillez. La première année, coupez les capitules et jetez-les. En hiver, coupez le feuillage au ras du sol et recouvrez les bases avec de la paille. La deuxième saison, dégagez la paille et épandez un engrais/compost au printemps.

Récolte

Récoltez à partir de fin juin, quand les écailles de la tête se cassent facilement à la pliure, en laissant 5 à 15 cm de pédoncule (à tremper dans l'eau avant consommation). Après la première récolte, coupez les tiges au ras et laissez les nouveaux œilletons pousser pour la récolte suivante.

Problèmes/solutions

● **Limaces.** Posez des appâts et ramassez-les à la main.

● **Pucerons.** Dès que vous en apercevez, pincez les parties affectées et pulvérisez une solution d'eau et de savon. Aérez la terre autour des tiges pour encourager les prédateurs de pucerons.

● **Taches brunes des capitules.** Vraisemblablement rouille du pétale, moisissure qui attaque têtes et fleurs. Coupez et brûlez les têtes.

Asperges

L'asperge tend à devenir un légume populaire. Certes, il faut attendre 3 à 4 ans avant d'obtenir une pleine assiettée succulente, mais ce plaisir vaut bien l'attente. Si vous partez d'une griffe d'un an, vous pouvez récolter au bout de 2 ans seulement.

Semis Plantation

Jan	Fév	Mars	Avr	Mai	Juin	Juil	Août	Sept	Oct	Nov	Déc	Jan	Fév	Mars	Avr	Mai	Juin	Juil	Août	Sept	Oct	Nov	Déc

Récolte

Année 2 et 3

Jan	Fév	Mars	Avr	Mai	Juin	Juil	Août	Sept	Oct	Nov	Déc	Jan	Fév	Mars	Avr	Mai	Juin	Juil	Août	Sept	Oct	Nov	Déc

Connovers colonnal

Cette variété bien établie, qui a fait ses preuves depuis des années, possède des turions de calibre épais, vert moyen à clair. Les amateurs d'asperges affirment qu'une bonne souche peut se maintenir de 15 à 20 années.

Autres variétés

● **Violette d'Argenteuil.** Si cette variété est recherchée des jardiniers pour sa fiabilité et sa saveur égale à celle de la précédente, on la trouve désormais assez difficilement dans les catalogues.

● **Lucullus.** Peut se récolter blanche quand on la butte, ou sinon verte. Turions bien fermes et compacts.

● **Mary Washington.** Variété résistant à la rouille particulièrement recommandée pour les parcelles et les jardins de particuliers. Elle donne en abondance des turions longs, rectilignes, épais et lourds, vert foncé à violet.

Sol et exposition

L'asperge préfère un sol profond, léger et riche, un peu sablonneux, abrité mais ensoleillé. Le terrain doit être bêché en profondeur, et bien préparé : on préconise d'enrichir le sol à raison de 25 à 60 tonnes de fumier à l'hectare – soit, à l'échelle d'un jardin, deux seaux par mètre carré. Durant la saison, sarclez doucement la terre pour l'aérer et arracher les mauvaises herbes.

Semis et plantation

● Creusez une tranchée de 25 cm de profondeur et de 38 cm de largeur. Recouvrez le fond de 7,5 cm de compost ou de fumier bien décomposé.

● Mi-mars à fin avril. Disposez les griffes en les espaçant de 45 cm, les racines bien étalées au fond, et recouvrez avec 5 à 7,5 cm de terre. Arrosez copieusement.

Espace d'accès de chaque côté

Récoltez avec un couteau tranchant

Automne : coupez et recouvrez avec du compost et 5 cm de terre

3e année

Automne : coupez et recouvrez avec du compost et 5 cm de terre

2e année

Recouvrez avec 5 à 7,5 cm de terre

1re année

25 cm de profondeur

Griffes de pied mâle de 45 cm de diamètre

7,5 cm d'épaisseur

38 cm de large

Entretien

Aux premier et deuxième automnes après la plantation, avant que les baies aient pu se développer, coupez le feuillage, sarclez la terre pour l'ameublir et buttez avec du fumier recouvert de terre. Le troisième automne et les années suivantes, répétez les opérations, mais laissez croître les turions. Ratissez le sol au printemps et mettez de l'engrais.

Récolte

S'effectue de mi-avril à fin juin. La troisième saison, lorsque les turions ont atteint 7,5 à 10 cm de haut, coupez-les avec une gouge à 7,5-10 cm de profondeur au-dessous du niveau du sol.

Problèmes/solutions

● **Limaces.** Posez des appâts et ramassez-les manuellement.
● **Pourridiés racinaires.** D'ordinaire dû à une moisissure violette des racines. Brûlez toutes les plantes touchées, et redémarrez de nouvelles dans un nouveau carré.
● **Tiges noircies.** Probablement dû au gel. Coupez les tiges abîmées et protégez du gel.

Aubergines

Très appréciée désormais en Europe, l'aubergine se répand nettement dans les jardins. Elle est parfaitement adaptée aux cultivateurs de tomates qui veulent tenter de nouveaux défis : on la cultive à partir de la graine, tout comme ces dernières.

Semis Plantation   Récolte

Jan	Fév	Mars	Avr	Mai	Juin	Juil	Août	Sept	Oct	Nov	Déc	Jan	Fév	Mars	Avr	Mai	Juin	Juil	Août	Sept	Oct	Nov	Déc

Violette longue hâtive

Une variété traditionnelle moyennement hâtive qui donne des fruits longs, luisants et pourpres de 13 à 15 cm de long en moyenne. C'est un bon choix pour les régions fraîches.

Autres variétés

● **Black enorma.** Variété recherchée d'abord pour la taille de ses fruits. Certains jardiniers estiment que la taille énorme est compensée par une saveur douce.

● **Long Tom F1.** Variété très productive : parfois jusqu'à 25-30 fruits par plante. Ceux-ci sont noir à violet et ont environ 13 à 15 cm de long.

● **Œuf blanc.** Donne de petits fruits blancs ovales de la taille d'un œuf de saveur un peu épicée. Très productive.

● **Dourga.** Variété hâtive. Un bon choix pour les régions a été humide et court. Les fruits longs et cylindriques blancs ont 18 à 20 cm de long. Facile à cultiver. Très savoureux, les fruits ont une peau blanche lustrée, lisse et ferme.

Sol et exposition

L'aubergine préfère les sols profonds bien drainés et riches, en terrain ensoleillé mais abrité. Elle est très sensible au gel, à l'excès d'humidité et aux vents violents. Traditionnellement, on pratiquait le bêchage avec du terreau. Une bonne méthode moderne est de les semer à l'intérieur en godets remplis de terreau ou dans des housses (deux par housse), comme pour les tomates. Chaque plante doit être protégée par une feuille de plastique (minitunnel ou grande cloche) ; installez sinon un écran vertical en plastique qui protège du vent.

Semis et plantation

● Mars. Semez en terrine dans du terreau humide et protégez avec une plaque de verre recouverte d'un journal. Maintenez la terrine à l'abri.
● Avril-mai. Lorsque les plants sont assez grands, repiquez-les en pots (8 cm environ). Arrosez et maintenez-les sous abri.
● Avril-mai. Transplantez en pots plus grands (20 cm environ), arrosez copieusement et protégez avec une cloche ou autre abri en plastique.

Pincez la tige à 30 cm de haut

Maintenez avec un tuteur

Transplantez dans un grand pot rempli de terreau

Semis sous verre et journal dans du terreau humide

45 cm de distance

Transplantez dans un petit pot

Retournez le verre tous les jours

Entretien

Arrosez souvent. Quand la hauteur atteint environ 30 cm, pincez la tige du haut pour favoriser les ramifications. Pincez pour ne garder que les six meilleurs fruits et ôtez les fleurs subséquentes. Pulvérisez à l'eau pour décourager les pucerons. Appliquez de l'engrais liquide, et arrachez le vieux feuillage.

Récolte

Selon la variété, la localité et votre méthode de culture, on peut récolter de fin juillet à mi-octobre. Quand les fruits atteignent 15 à 23 cm de long et sont joliment luisants et dodus, tranchez leur pédoncule avec un couteau.

Problèmes/solutions

● **Pucerons, acariens rouges et aleurodes.** Pulvérisez à la solution savonneuse liquide, et lavez les feuilles simplement à l'eau.
● **Flétrissement, fruits fendus ou avortés.** Parfois occasionnés par des fortes pluies après des alternances de sécheresse et d'humidité. La solution est de maintenir le sol humide plutôt que de l'arroser, en le recouvrant d'un paillis de fumier.

Bette (poirée)

La bette (appelée aussi bette épinard, bette à carde ou poivrée) est conseillée si vous avez connu quelques déboires avec la culture des épinards. Elle a beaucoup plus de saveur que ces derniers et se cultive tout au long de l'année.

| | Semis | | | Récolte | | | | | | | | | | | | | | | | | | | |
| Jan | Fév | Mars | Avr | Mai | Juin | Juil | Août | Sept | Oct | Nov | Déc | Jan | Fév | Mars | Avr | Mai | Juin | Juil | Août | Sept | Oct | Nov | Déc |

Blonde à cardes blanches

Les cardes sont blanches et les feuilles vert clair. Les cardes sont par ailleurs assez larges, non filandreuses et savoureuses. Variété bien productive. années.

Autres variétés

● **Perpetual spinach.** Une grande variété non exigeante qui donne un feuillage vert clair et des pétioles verts fins. Elle donne presque toute l'année.

● **Verte à cardes blanches.** Donne de très larges cardes blanches et des feuilles courtes et lisses de couleur verte.

● **Poirée à cardes rouges.** Ressemble à une jeune rhubarbe. Tout peut se manger : les feuilles en épinards, les côtes comme des asperges.

● **Blonde à carde blanche.** Variété réputée productive au feuillage charnu vert vif et aux cardes blanches. On consomme les feuilles comme épinards et les jeunes côtes non filandreuses au beurre, etc.

Sol et exposition

Les exigences de la bette sont à peu près celles de l'épinard : terrain bien fumé, terre retournée en profondeur, plein soleil. Elle peut pousser sur un sol plus pauvre et plus exposé que l'épinard, mais ne prospère vraiment qu'en sol riche, et frais mais bien drainé. On peut la cultiver en planche surélevée de 1,20-1,50 m de large : l'eau de pluie s'infiltre doucement et la récolte peut s'effectuer sans avoir à piétiner le sol.

Semis et plantation

● Mi-mars à mi-mai. Réalisez des sillons de 2 cm de profondeur espacés de 40 cm et semez en poquets (3 à 4 graines) de 25 cm d'intervalle.

● Tassez le sol et arrosez copieusement avec un vaporisateur fin.

● Quand le semis est assez gros pour être manipulé, éclaircissez pour ne laisser que les plants les plus robustes.

● Tassez la terre au pied des plantes.

3–4 graines tous les 25 cm

sillon de 2 cm de profondeur

40 cm de large

Éclaircissez en ne conservant que les plants les plus vigoureux

Entretien

Sarclez pour désherber en produisant un paillage de sol meuble. S'il fait très sec, vous pouvez épandre un paillis de fumier ancien pour maintenir l'humidité au pied des plantes. Arrosez copieusement durant les périodes sèches. Enlevez les fleurs, les feuilles et les tiges endommagées et les plantes chétives.

Récolte

À partir de juillet et jusqu'en juin suivant : la date dépend de la variété, de la localité et de quelle protection vous donnez à vos plantes. Coupez les jeunes feuilles près du sol. Maintenez les plantes en bonne santé en enlevant les feuilles jaunes ou trop vieilles.

Problèmes/solutions

● **Racines fendues.** D'ordinaire à cause de longues périodes de sécheresse. On peut éviter le problème en recouvrant le sol d'une épaisse couche de paillage au fumier.

● **Flétrissement.** Dû à la sécheresse. Paillez avec du fumier, arrosez copieusement, et choisissez des variétés plus résistantes la fois suivante.

● **Limaces.** Posez des appâts, et ramassez-les manuellement.

Betterave

De couleur avenante, de goût agréable, ferme mais juteuse, et merveilleusement facile à cultiver, la betterave est depuis longtemps la compagne parfaite des salades. Certains l'apprécient en accompagnement des viandes.

	Semis			Récolte																			
Jan	Fév	Mars	Avr	Mai	Juin	Juil	Août	Sept	Oct	Nov	Déc	Jan	Fév	Mars	Avr	Mai	Juin	Juil	Août	Sept	Oct	Nov	Déc

Tardel

Une bonne variété semée tardivement jusqu'en début juin. Elle donne des petites betteraves rondes fermes, douces et savoureuses, parfaites pour les salades. Saveur et texture sont parfaits.

Autres variétés

● **Crapaudine.** Variété très rustique et tardive à racines enterrées, demi longues. Chair très rouge mais feuilles presque vertes.

● **Crimson king.** Variété de choix qui donne des grosses racines arrondies parfaites à entreposer, à la texture ferme et la saveur délicate.

● **Detroit.** Variété de choix qui existe depuis près d'un siècle. Elle donne de solides racines bonnes à entreposer, et dont la chair rouge sombre a une saveur caractéristique.

● **Mammoth long.** Une bonne variété facile à cultiver qui donne de longues racines cylindriques lisses dont la chair ferme foncée est sucrée.

Sol et exposition

La betterave n'est pas exigeante, mais un sol léger et sablonneux donne les plus belles racines. Si le sol est argileux, il faut retourner en profondeur et bien travailler la terre, et la strier en hiver pour la disloquer au maximum ; ensuite, semer 2 semaines plus tard que normalement (pour avoir des racines petites et compactes, plutôt que grosses et rugueuses). Le sol doit être bien drainé et bien amendé, avec un fumier ne trop frais, ni rance. L'idéal est de planter la betterave dans un sol fertile qui a été fumé pour la récolte précédente.

Semis et plantation

● Début mars-fin juin. Formez des sillons de 2,5 cm de profondeur espacés de 25 à 30 cm et semez des poquets de 3-4 graines (ayant trempé dans l'eau durant une heure) à 13 cm d'intervalle.

● Tassez le sol et arrosez généreusement.

● Lorsque le semis est assez gros pour être manipulé, éclaircissez délicatement pour ne laisser que la plante la plus robuste de chaque groupe.

● Tassez bien la terre au pied

Sillon de 2,5 cm de profondeur

3-4 graines déjà humectées (les poquets espacés de 13 cm)

25-30 cm

Éclaircissez en ne conservant que les plantes les plus vigoureuses

des tiges des plantes restantes, et arrosez copieusement avec un vaporisateur fin.

Entretien

Étendez un filet de coton noir sur les jeunes plantes pour les protéger des oiseaux. Éclaircissez en ne laissant que le plant le plus vigoureux de chaque groupe (mangez les autres en salade). Binez pour obtenir un sol meuble et propre. Par temps sec, étalez un paillis de fumier usagé pour maintenir l'humidité et arrosez souvent.

Récolte

De mai à novembre, selon la variété et la méthode de culture utilisées. Utilisez une fourche pour dégager les racines du sol. Tordez les feuilles à environ 5 cm au-dessus de la couronne ; consommez tout de suite ou entreposez dans du sable.

Problèmes/solutions

● **Racines fendues.** D'ordinaire occasionné par de longues périodes de sécheresse. Évitez ce problème en recouvrant le sol avec une épaisse couche de fumier usagé.

● **Flétrissement.** Causé par la sécheresse. Paillez au fumier usagé ou à la paille hachée, et rechercher les variétés résistantes au flétrissement.

● **Limaces.** Posez des appâts, et ramassez les limaces manuellement.

Brocoli

Le brocoli aux inflorescences charnues blanches et violettes est l'un des légumes à récolte continue parmi les plus savoureux. Si vous semez des variétés successives, vous pouvez, avec une pause en juin, récolter de fin janvier à octobre.

			Semis	Plantation								Récolte		(selon la variété)		Récolte				

Jan	Fév	Mars	Avr	Mai	Juin	Juil	Août	Sept	Oct	Nov	Déc	Jan	Fév	Mars	Avr	Mai	Juin	Juil	Août	Sept	Oct	Nov	Déc

Red arrow

Une belle variété violette à récolter en mars-avril. Elle donne des inflorescences violet vif bien fermes au goût moyen à puissant.

Autres variétés

● **Romanesco.** Variété très vigoureuse dont la pomme vert-jaune très serrée est composée de nombreuses petites têtes pointues très savoureuses. Réputée particulièrement digeste.

● **Purple sprouting late.** Très proche de la variété précédente, la seule différence est la date de récolte à partir d'avril.

● **Waltham.** Une variété calabraise type dont la pomme est entourée de nombreuses petites pommes latérales.

● **White sprouting early.** Variété fiable très populaire qui donne des pommes blanches en fin février-mars. La saveur est plus douce et un peu moins prononcée que chez les variétés violettes.

Sol et exposition

Le brocoli peut être cultivé en terrain sablonneux, mais il prospère en terreau fertile lourd à tendance argileuse. Le sol doit être bien amendé au fumier et compact, profondément retourné, et riche en matière organique retenant l'humidité. Si vous avez réalisé des planches surélevées sur un terrain argileux dur à travailler, c'est le moment d'essayer de repiquer en terre argileuse. Si le sol est bien travaillé et homogène, vous obtiendrez des brocolis à belles pommes compactes, tandis qu'un sol meuble trop riche donnera probablement des pommes maigres et peu denses. Préférez les lieux découverts et ensoleillés à l'abri du vent.

Semis et plantation

● Avril-mai. Semez dans une planche préparée ou en terrine.

● Juin-juillet. Le repiquage est plus favorable par temps pluvieux, car on n'a pas besoin d'arroser.

● Faites des trous au plantoir, espacés de 45-70 cm en rangées de 45 à 70 cm d'écart. Arrosez copieusement les semis dans leurs trous.

● Tassez le sol à la main autour des plantes.

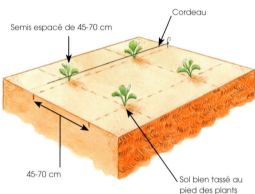

Cordeau

Semis espacé de 45-70 cm

45-70 cm

Sol bien tassé au pied des plants

Entretien

Arrosez le semis avant et après la plantation, puis quotidiennement. Sarclez pour obtenir un paillage de sol meuble et propre. Par temps sec, épandez du fumier usagé pour contenir l'humidité. Si vous aviez déjà amendé pour une culture précédente, vous pouvez vous en abstenir pour les brocolis.

Récolte

Selon la variété et le type de protection offerts aux plantes, vous pouvez récolter de janvier à mai, puis de juillet à novembre. Commencez en cueillant la pomme du milieu, et continuez avec les petites inflorescences latérales. Cueillez à quelques jours d'intervalle pour stimuler les nouvelles poussées.

Problèmes/solutions

● **Chenilles.** Ramassez-les à la main. Écartez les piérides en recouvrant les choux avec un filet fin.

● **Pigeons.** Protégez les cultures avec un filet ou une fine toile de coton.

● **Feuilles racornies poisseuses.** Probablement à cause des pucerons ou des aleurodes. Pulvérisez avec une solution d'eau et de savon liquide.

Carottes

Les carottes ont bel aspect, sentent bon, ont bon goût, font du bien, sont assez faciles à cultiver, la plupart des enfants les aiment, de nombreuses variétés existent et, on peut les consommer de juin et jusqu'à Noël.

| | | | Semis | | | Récolte | | | | | | | | | | | | | | | | | |
|Jan|Fév|Mars|Avr|Mai|Juin|Juil|Août|Sept|Oct|Nov|Déc|Jan|Fév|Mars|Avr|Mai|Juin|Juil|Août|Sept|Oct|Nov|Déc|

Flyaway F1

C'est la première variété qui résiste à la mouche (*Psila*) ; si ce n'est pas la parade absolue à ce redoutable insecte, c'est déjà un grand progrès. Elle donne de grosses carottes trapues à peau glabre, de couleur et texture agréables et à saveur fine.

Autres variétés

● **Chantenay red cored.** Une ancienne variété de saison ou mi-saison. Elle produit des carottes trapues de couleur, goût et texture agréables.

● **Early market.** Une variété à la fois hâtive et tardive aux racines courtes, épaisses et trapues, adaptée aux bons sols peu profonds.

● **Nantaise.** Une variété fiable de mi-saison pour des semis successifs, donnant de longues carottes à pointe épaisse et savoureuses.

● **James scarlet intermediate.** Une variété de pleine saison donnant des carottes longues orange vif très savoureuses.

● **Topscore.** Une variété de la Nantaise qui produit des carottes longues de forme unie, orange foncé, de saveur et de texture agréables.

Sol et exposition

Si l'on peut cultiver des carottes dans la moindre parcelle dont le sol est bien cultivé, elles donnent mieux en terrain friable, bien retourné, bien drainé, sablonneux, humifère et en situation bien ensoleillée. Quand on dispose d'un bon sol friable au terreau sablonneux on obtient des sujets aux longues racines. Mais s'il est un peu compact et lourd, mieux vaut cultiver des variétés donnant des carottes courtes et trapues. Notez bien que, si le sol est trop pierreux ou contient de gros pans de fumier frais, il est probable que les racines se divisent en croissant, ce qui produit finalement des carottes fourchues ou mal formées.

Semis et plantation

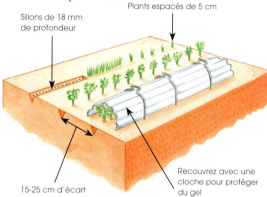

Plants espacés de 5 cm
Sillons de 18 mm de profondeur
15-25 cm d'écart
Recouvrez avec une cloche pour protéger du gel

● Début mars-fin juin (selon les variétés). Réalisez des sillons de 18 mm de profondeur espacés de 15-25 cm. Semez clairsemé, tassez le sol et arrosez avec une pomme d'arrosoir fine.

● Éclaircissez le semis en ne gardant qu'un plant par 5 cm environ.

● Utilisez des cloches (en verre, en plastique, mini-tunnels) pour protéger les plants au début et à la fin de la saison.

Entretien

Désherbez et sarclez fréquemment le sol pour l'aérer. Ce paillage de sol meuble contribue au maintien de l'humidité du sol sous-jacent, ce qui garantit une croissance soutenue et évite que les carottes se fourchent.

Récolte

Peut s'effectuer de mai à décembre si vous avez pratiqué des semis échelonnés de diverses variétés, et si vous protégez les carottes de façon qu'elles puissent attendre dans le sol. Entreposez les carottes de saison dans des caisses à sable à l'abri du gel.

Problèmes/solutions

● **Mines de couleur rouille.** Elles sont produites par la larve de la mouche (*Psila*). On peut la repousser en plantant des oignons à proximité des carottes.

● **Carottes fendues.** Occasionné par une trop forte sécheresse. Évitez ce problème en épandant du fumier usagé, ce paillis retient l'humidité résiduelle.

● **Carottes vertes en haut.** Cela se produit quand on les découvre trop, évitez ce problème en sarclant pour buter quelque peu.

Céleri branche

La culture du céleri à côtes nécessite creusement de tranchées, buttage des plantes, arrosage régulier, etc., mais la dégustation de branches juste cueillies accompagnées de pain et de fromage est une expérience incomparable.

			Semis		Plantation				Récolte														
Jan	Fév	Mars	Avr	Mai	Juin	Juil	Août	Sept	Oct	Nov	Déc	Jan	Fév	Mars	Avr	Mai	Juin	Juil	Août	Sept	Oct	Nov	Déc

Pascal

Une bonne variété fiable de tranchée qui donne d'énormes têtes compactes de branches vert à blanc, tendres, croquantes et savoureuses. Il est bon dans toutes les préparations : en salade, cru avec du pain et du beurre, en soupe, cuit à l'étouffée.

Autres variétés

● **Géant doré amélioré.** Variété à côtes épaisses et striées, et dont le feuillage est vert doré. Egalement, Plein blanc doré, variété très hâtive à côtes larges et très tendres.

● **Giant white.** Une variété blanche populaire très proche du Géant doré.

● **Golden self-blanching.** Une bonne variété naine pour les jardiniers qui veulent éviter de blanchir. La saveur est sans aucun doute plus fade que chez les variétés classiques, mais sa culture est bien plus aisée.

● **Green Utah.** Une variété qui blanchit d'elle-même très populaire en Amérique. Elle donne de grosses têtes aux branches vertes. Elle a une texture croquante et une saveur caractéristique.

Sol et exposition

Semi aquatique, le céleri prospère mieux en terrain lourd, profond, riche et bien drainé, en exposition ensoleillée et découverte. Il faut toutefois noter que, s'il aime ce type de sol humide, cela ne veut pas dire pour autant que l'eau stagne à la surface : il périclite quand la terre est gorgée d'eau ou trop acide. Assurez-vous que le terrain est bien préparé, avec du fumier bien fermenté. La terre mise sur le côté en prévision du buttage doit être brassée à plusieurs reprises pour rester fine et friable.

Semis et plantation

● Mars-avril. Semez sous châssis ou en terrine.
● Repiquez le semis en pot ou en terrine en espaçant les plantes de 5 cm.
● Mai-juin. Creusez une tranchée de 30 cm de profondeur et 55 cm de large. Déposez du fumier et couvrez d'une couche de terre de 22 cm d'épaisseur ; disposez les plantes espacées de 23 cm dans la tranchée (pour les variétés auto-blanchissantes, comptez 27 cm).

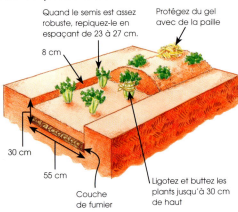

Quand le semis est assez robuste, repiquez-le en espaçant de 23 à 27 cm.

Protégez du gel avec de la paille

8 cm

30 cm

55 cm

Couche de fumier

Ligotez et buttez les plants jusqu'à 30 cm de haut

Entretien

Arrosez quotidiennement. Sarclez pour obtenir un paillage de sol meuble. Enlevez rejets et feuilles mortes. Lorsque les plantes atteignent 25 à 30 cm de haut, attachez les branches avec du raphia, et buttez à plusieurs reprises pour former une motte recouvrant tout sauf le feuillage. Lorsqu'il gèle, recouvrez avec de la paille hachée.

Récolte

Récoltez les variétés auto-blanchissantes d'août à début novembre, et les variétés traditionnelles de novembre à mars. Utilisez une fourche pour extraire la plante du sol. Recouvrez les plantes restantes.

Problèmes/solutions

● **Taches foliaires brunes.** Occasionnées par divers virus et bactéries. Arrachez et brûlez les plantes et changez de variété.
● **Limaces et escargots.** Peuvent occasionner des dégâts secondaires. Ramassez-les quasi quotidiennement.
● **Pourriture brune.** Se manifeste sous forme de pourriture du cœur au moment de la levée. Brûlez les plantes et tentez sur une autre parcelle.

Céleri-rave

Le céleri-rave est un bon choix à bien des égards. C'est un légume amusant à cultiver, son aspect est impressionnant à maturité, il est délicieux dans une soupe d'hiver et parfait en rémoulade. Il permet accessoirement d'épater vos voisins.

Semis — Mars | Plantation — Juin | Récolte — Oct/Nov/Déc/Jan/Fév

| Jan | Fév | Mars | Avr | Mai | Juin | Juil | Août | Sept | Oct | Nov | Déc | Jan | Fév | Mars | Avr | Mai | Juin | Juil | Août | Sept | Oct | Nov | Déc |

Balder

Cette variété populaire semi-rustique donne de grosses racines arrondies brunes et un volumineux feuillage vert foncé. La chair blanche croquante a un bon goût de céleri. Elle est très savoureuse bouillie et en purée avec son navet, mais c'est en rémoulade que les Français la préfèrent.

Autres variétés

● **Giant Prague.** Une bonne variété fiable qui donne de grosses racines jaune-vert intense, rondes, au feuillage vert moyen. On peut la récolter dès fin septembre. Sa chair compacte est bonne, de saveur puissante. Elle s'entrepose bien.

● **Prinz.** C'est une variété très populaire qui résiste aux maladies du feuillage et à la montée en graine. Sa chair est légère, croquante, blanche et sa peau est fine, sa saveur parfumée est caractéristique. Pour le pique-nique, on peut râper la chair avec de l'oignon émincé et une tranche de cheddar, le tout entre deux tranches de pain de campagne frais.

Sol et exposition

Le céleri-rave se cultive bien plus facilement que le céleri branche, car on n'a pas besoin de le blanchir. Il aime les sols bien amendés, surtout quand le fumier a été enfoui l'hiver précédent, en terrain ensoleillé quoique abrité où il peut bénéficier d'une longue saison de croissance ininterrompue. Quand les racines grossissent, assurez-vous que le sol conserve son humidité, en arrosant dès que possible par temps sec. Sachez aussi que le jeune plant craint les vents froids, et que les racines cessent de grossir dès qu'on oublie d'arroser.

Semis et plantation

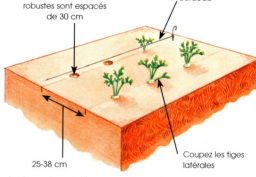

Les plants suffisamment robustes sont espacés de 30 cm — Cordeau — 25-38 cm — Coupez les tiges latérales

● Mars-avril. Semez sous châssis.
● Repiquez (dès que les jeunes plants sont assez robustes pour être manipulés) dans des pots ou en terrines en espaçant les plants de 5 cm.
● Mai-juin. Repiquez en espaçant de 30 cm, avec 25-38 cm entre les rangées. Disposez les plants aussi peu profonds que possible, de sorte qu'ils soient « assis » plutôt que dans les trous.
● Coupez les tiges latérales après la plantation.

Entretien

Arrosez quotidiennement. Sarclez pour obtenir un paillage de sol meuble propre. Enlevez les vieilles feuilles et autres pousses et racines superflues. Il ne faut pas que le sol se dessèche. Binez pour éliminer mauvaises herbes et bestioles indésirables.

Récolte

Quand le sol est bien drainé et les plantes paillées, les légumes peuvent rester en terre et la récolte s'échelonne de novembre à mars. Quand le sol est humide, arrachez et entreposez les céleris dans une remise à l'abri du gel.

Problèmes/solutions

● **Mines couleur rouille des feuilles.** Elles sont dues aux larves de la mouche de la carotte. Évitez le problème en plantant des oignons à côté des céleris.
● **Racines fendues.** Produit par des excès de sécheresse ou d'humidité. Atténuez ces écarts en épandant du fumier usagé qui conserve l'humidité résiduelle.
● **Limaces.** S'attaquent aux jeunes feuilles. Ramassez-les manuellement.

Choux

Les choux se cultivent vraiment facilement. Vert foncé au printemps, en ballon de foot en été, gaufrés ou lisses, rouges ou blancs, et cuisinés à votre gré, les choux peuvent vous réjouir tout au long de l'année.

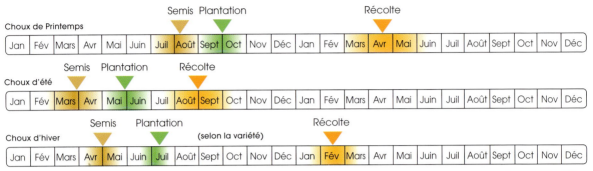

Choux de Printemps — Semis · Plantation · Récolte

Jan	Fév	Mars	Avr	Mai	Juin	Juil	Août	Sept	Oct	Nov	Déc	Jan	Fév	Mars	Avr	Mai	Juin	Juil	Août	Sept	Oct	Nov	Déc

Choux d'été — Semis · Plantation · Récolte

Jan	Fév	Mars	Avr	Mai	Juin	Juil	Août	Sept	Oct	Nov	Déc	Jan	Fév	Mars	Avr	Mai	Juin	Juil	Août	Sept	Oct	Nov	Déc

Choux d'hiver — Semis · Plantation · Récolte (selon la variété)

Jan	Fév	Mars	Avr	Mai	Juin	Juil	Août	Sept	Oct	Nov	Déc	Jan	Fév	Mars	Avr	Mai	Juin	Juil	Août	Sept	Oct	Nov	Déc

Toundra F1

Décrite comme l'une des « meilleures introductions à l'hiver », c'est une variété très rustique à croissance rapide qui se récolte en hiver, de novembre à avril. Elle ressemble à la variété Savoy, aux feuilles gaufrées et à la forme arrondie compacte, de grande taille.

Spring hero F1

Variété printanière qui produit une grosse pomme compacte vert moyen à cœur blanc. Semez en août pour consommer au printemps. La saveur douce est caractéristique.

Pointed Durham Early

Variété printanière à pomme conique à saveur agréable caractéristique. On peut la cueillir avant la maturité et la consommer comme légume vert.

Autres variétés

● **Quintal d'Alsace.** Une variété rustique tardive à la pomme aplatie (recherchée pour les choucroutes).

● **January king.** Variété très rustique récoltée de décembre à janvier. Les feuilles ont une consistance ferme et un goût agréable.

● **Rouge tardif de Langedijk.** Variété tardive à grosse pomme rouge foncé qui se récolte en fin d'année et qui se maintient jusqu'au printemps (hors gel).

● **Red drumhead.** Chou rouge à pomme violacée qui se récolte dès septembre. Sa tête ronde compacte est parfaite pour les entrées et les condiments.

Sol et exposition

Les choux poussent presque partout, mais ils réussissent mieux en terrain profondément retourné, bien amendé, ferme, compact, bien drainé, humide, humifère, dans un lieu abrité et protégé du vent. Plus on fume, meilleur c'est, mais ne jamais employer du fumier frais ou rance. Si le sol est trop meuble, les plantes sont ébranlées à la base et donnent des pommes lâches sujettes à la pourriture et à monter en graine. Des variétés comme les choux rouges requièrent les mêmes exigences, mais demandent un sol plus riche et encore plus profondément travaillé.

Semis et plantation

● Semez les variétés printanières en juillet-août, les estivales de mi-février jusqu'à début mai, dans une planche préparée à cet effet ou en terrine.
● Repiquez les variétés printanières en septembre-octobre, les estivales de mi-avril à fin juin, et les hivernales de mi-juin à fin juillet.
● Au plantoir, creusez des trous espacés de 30-35 cm (10 cm pour les choux printaniers), en espaçant les rangées de 30-35 cm. Versez largement de l'eau à la base des semis. Tassez le sol à la base des plantes.

Semis et plantation suite

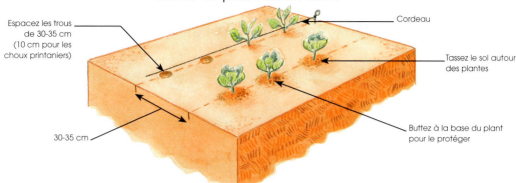

Espacez les trous de 30-35 cm (10 cm pour les choux printaniers)

Cordeau

Tassez le sol autour des plantes

30-35 cm

Buttez à la base du plant pour le protéger

Abri anti-piérides

Formez des arches avec du fil de fer, des rejets d'arbustes souples et autres cannes assouplies pour soutenir une structure au-dessus des lignes de choux. Recouvrez les arches avec une bâche de toile très fine et autres filets horticoles (pas en plastique). Maintenez cette toile avec des pierres ou des briques. Nouez les extrémités et maintenez-les avec un piquet.

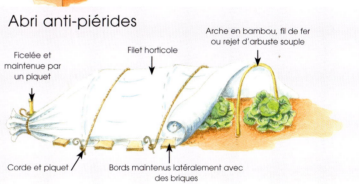

Arche en bambou, fil de fer ou rejet d'arbuste souple

Filet horticole

Ficelée et maintenue par un piquet

Corde et piquet

Bords maintenus latéralement avec des briques

Entretien

Arrosez quotidiennement les jeunes plants. Buttez les plantes pour les protéger du gel et du vent, sans endommager les tiges fragiles. Au bout d'une semaine de sécheresse, sarclez pour réaliser un paillage de terre meuble et nettoyer le sol. Par temps très sec, épandez une couche épaisse de fumier usagé ou de paille pour préserver l'humidité restante. Certains protègent leurs choux des piérides (papillons) et des oiseaux en les recouvrant d'un abri (ci-dessus), ou en les cultivant dans des cages à filet.

Problèmes/solutions

◀ **Mouche du chou (*Delia radicum*).** Évitez l'apparition des collets pourris et des feuilles tachetées en disposant un collier en feutre autour de la tige pour empêcher les pontes.

▶ **Taches foliaires.** Peuvent sérieusement affaiblir la croissance de la plante. Au premier signe de ce problème, enlevez soigneusement et brûlez les feuilles endommagées. Brûlez la plante en fin de saison, et la suivante, plantez vos choux dans une autre parcelle.

◀ **Pucerons laineux.** Ils forment des colonies granuleuses gris-bleu au revers des feuilles. Pulvérisez un mélange d'eau et de savon liquide. Brûlez les plantes en fin de saison.

● **Trous dans les feuilles.** Causés par les chenilles et les oiseaux. Évitez ce problème en protégeant les plants avec une cage à filet, comme pour les fruits.

● **Racines tordues et croissance médiocre.** Probablement la hernie du chou. Arrachez et brûlez les plantes, opérez une rotation des cultures l'année suivante.

● **Pourriture des feuilles.** Une pourriture brun-gris odorante causée par le gel. Arrachez et brûlez les plantes affectées et protégez mieux du gel la prochaine fois.

Récolte

La période précise de récolte dépend de la variété et de la méthode de culture, on peut récolter de janvier à mars les choux hivernaux, de février à juin, les printaniers, et de juillet à octobre les estivaux. Si vous protégez la récolte aux deux extrémités, vous pourrez étendre davantage sa période en récoltant dès que possible, puis en maintenant les choux en place aussi longtemps que possible. Coupez-les avec un couteau au niveau du sol, et incisez un « X » profond dans les souches pour favoriser une récolte de mini-choux secondaires. Les choux rouges et blancs peuvent être cueillis de novembre à décembre et entreposés au sec à l'abri du gel.

Choux de Bruxelles

Beaucoup exècrent les choux de Bruxelles bouillis et réduits à un vulgaire brouet vert. Mais, servis bien fermes au beurre ou avec un filet d'huile d'olive, avec une pincée de poivre noir fraîchement moulu, ils sont tout simplement délicieux.

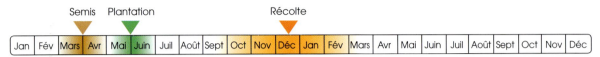

Semis	Plantation						Récolte																
Jan	Fév	Mars	Avr	Mai	Juin	Juil	Août	Sept	Oct	Nov	Déc	Jan	Fév	Mars	Avr	Mai	Juin	Juil	Août	Sept	Oct	Nov	Déc

Oliver F1
Une variété très hâtive, résistante aux maladies, et qui se récolte d'août à octobre. Elle produit toute une quantité de pommes de calibre gros à moyen dont la saveur est agréable et forte – tout ce qu'on peut attendre d'un tel chou.

Autres variétés

● **Early half tall.** Le port nain de cette variété est adapté à la culture en parcelle exposée au vent.

● **Eversham special.** Une variété fiable traditionnelle qui produit des quantités de pommes fermes de calibre moyen, de septembre à décembre.

● **Igor F1.** Une variété vigoureuse et rustique qui donne une foule de pommes rondes fermes de saveur agréable et forte.

● **Rubine.** Les récoltes se font de décembre à février. Les pommes violacées sont grosses.

● **Trafalgar.** Une nouvelle grande variété de demi-saison qui donne d'abondantes pommes fermes de calibre petit à moyen.

Sol et exposition

Le chou de Bruxelles prospère dans les sols riches bien drainés, suffisamment fermes et profonds, dans un jardin qui permet une longue saison de croissance. Il n'aime pas être trop serré avec ses congénères, et n'apprécie pas les sols trop légers. Quand le sol est trop riche et meuble, les plantes sont moins bien maintenues d'où des pommes plus ouvertes et moins fermes. Amendez et bêchez pour la récolte précédente, avant de planter les choux de Bruxelles. La parcelle devrait être ensoleillée, à découvert mais néanmoins à l'abri du vent. Si la vôtre est exposée au vent, préférez les variétés compactes de petite taille.

Semis et plantation

● Mars-avril. Semez dans une planche préparée ou en terrine.
● Mai-début juin. Le repiquage est préférable par temps pluvieux, ce qui évite d'arroser.
● Tassez la terre avec le dos d'une bêche ou au rouleau. Creusez des trous au plantoir espacés de 50-90 cm. Arrosez dans le trou jusqu'à ce que la feuille inférieure soit au niveau du sol, et resserrez la terre avec la main autour du plant pour éviter les dégâts dus aux vents en automne.

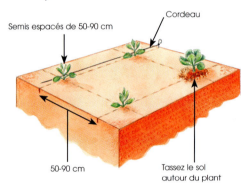

Cordeau

Semis espacés de 50-90 cm

50-90 cm

Tassez le sol autour du plant

Entretien

Arrosez le semis avant et après la plantation, puis quotidiennement. Sarclez pour obtenir un paillage de sol meuble et propre. Enlevez les feuilles du bas à mesure qu'elles jaunissent. Épandez un paillis de fumier usagé ou de paille sur la couche meuble pour que la terre reste humide. Raffermissez le sol en automne.

Récolte

On peut récolter de septembre à mars, selon la variété et la méthode de culture. Partez en remontant de la base vers le haut, en ne cueillant que les pommes les plus fermes. Enlevez les pommes flasques et les feuilles jaunes, et jetez-les au compost.

Problèmes/solutions

● **Trous dans les feuilles.** Dus aux chenilles et aux oiseaux. On évite ce problème avec des filets protecteurs comme ceux utilisés pour les fruits.
● **Feuilles tordues poisseuses.** Cela peut être dû aux pucerons et aux aleurodes. Pulvérisez avec une solution d'eau et de savon liquide.
● **Racines tordues et maigre récolte.** Probablement la hernie du chou. Arrachez et brûlez les plantes, et plantez des choux ailleurs.

Choux frisés

Le chou frisé – chou non pommé – croît presque n'importe où. Ce rustique peut être récolté de novembre à début avril. Les jeunes feuilles et les pousses se consomment en épinards, on peut les servir avec les viandes ou le poisson, ou avec une sauce au fromage.

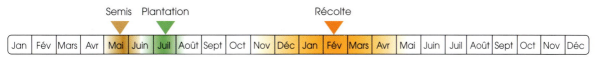

				Semis	Plantation					Récolte													
Jan	Fév	Mars	Avr	Mai	Juin	Juil	Août	Sept	Oct	Nov	Déc	Jan	Fév	Mars	Avr	Mai	Juin	Juil	Août	Sept	Oct	Nov	Déc

Dwarf green curled

Une variété rustique ancienne très prisée qui donne des bouquets de feuilles frisées vert foncé. C'est un bon choix pour les jardins difficiles, car elle semble mieux rendre après les gelées.

Autres variétés

● **Cottagers.** Une variété traditionnelle très rustique qui donne une abondance de feuilles vert moyen de consistance agréable, avec une saveur forte caractéristique. Ne consommer que les jeunes feuilles tendres.

● **Nero di Toscana.** L'une des variétés italiennes traditionnelles. Elle a des feuilles gaufrées vert foncé en forme de langue sur un court pétiole.

● **Red russian.** Une grande variété qui produit de nombreuses feuilles vert violacé gaufrées sur un long pétiole. Les amateurs affirment que la gelée améliore saveur, consistance et couleur.

● **Westland winter.** Une variété très rustique qui donne une quantité de feuilles frisées vert-bleu. C'est un bon choix pour une parcelle difficile trop exposée.

Sol et exposition

Le chou frisé réussit dans presque tous les sols mais, comme tous les choux, apprécie mieux un terrain profond humifère bien tassé. La terre doit être bien amendée, mais pas trop sinon les plantes lèvent vite et sont molles. La bonne méthode consiste à amender pour une récolte, de sarcler pour éradiquer les mauvaises herbes, puis d'enchaîner avec le chou frisé. Ainsi, les plantes croîtront lentement et seront bien rustiques. Choisissez un coin ensoleillé. Gardez à l'esprit que le chou frisé s'accommode de presque tout sauf des terres trop meubles, de l'eau stagnante, et des longs hivers trop rigoureux.

Semis et plantation

● Mi-avril à fin mai. Semez en planches préparées ou en terrines.

● Mi-juin à début août. Il est préférable de repiquer par temps couvert pluvieux : pas besoin d'arroser.

● Au plantoir, creusez des trous espacés de 38-45 cm, avec 45-50 cm entre les rangées. Versez de l'eau dedans et tassez la terre à la main. Arrosez souvent les jours suivants.

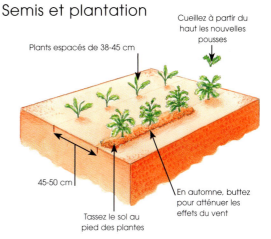

Cueillez à partir du haut les nouvelles pousses

Plants espacés de 38-45 cm

45-50 cm

En automne, buttez pour atténuer les effets du vent

Tassez le sol au pied des plantes

Entretien

Arrosez quotidiennement. Sarclez pour obtenir un paillage de sol meuble et buttez les plantes pour les consolider en les protégeant du vent et du gel. Si le chou frisé réussit bien en jardins exposés, en cas de vent excessif, on doit installer un écran du côté d'où il souffle.

Récolte

S'effectue de novembre à mai. Coupez d'abord les couronnes au couteau puis descendez jusqu'aux pousses latérales. Jetez les feuilles jaunes ou trop vieilles.

Problèmes/solutions

● **Pucerons laineux.** Forment des colonies grumeleuses gris-bleu au revers des feuilles. Pulvérisez avec un mélange d'eau et de savon liquide. Brûlez les plantes en fin de saison.

● **Croissance médiocre et feuilles jaunies.** Probablement dues aux secousses du vent. Tuteurez les plantes, et choisissez des variétés naines la prochaine fois.

Choux-fleurs

Si la culture du chou-fleur peut offrir quelques difficultés, sa cuisson est facile. On peut utiliser ce légume pour les soupes ou les sauces, mais surtout cuit à la vapeur et servi au beurre ou avec divers accommodements.

Semis		Plantation							Récolte														
Jan	Fév	Mars	Avr	Mai	Juin	Juil	Août	Sept	Oct	Nov	Déc	Jan	Fév	Mars	Avr	Mai	Juin	Juil	Août	Sept	Oct	Nov	Déc

Dominant

Une bonne variété pour des récoltes estivales et automnales. Elle donne de grosses pommes compactes blanc crème qui se récoltent dès juillet. C'est un bon choix pour les parcelles sèches exposées au vent.

Autres variétés

● **Demi-dur de Paris (et de Noël).** Variétés très cultivées demi-hâtives qui se sèment en plein air, d'avril à juin, et se récoltent au début de l'hiver.

● **Chou-fleur maltais.** Variété à pied court, tendre, hâtive d'octobre, et qui se sème clair en plein air d'avril à juin.

● **Snowball.** Une vieille variété naine de récoltes estivales et automnales qui donne des petites têtes serrées qui peuvent être cueillies de juin à septembre.

● **White rock.** Une bonne variété pour récolter à partir d'août. Ses belles têtes blanches serrées se cachent dans un réceptacle de feuilles.

Sol et exposition

Les choux-fleurs ont besoin d'un sol profond bien amendé, bien drainé, frais, et en exposition ensoleillée. Le fumier ou les matières organiques ne doivent pas être trop frais, rances ou se trouver à la surface. L'idéal est d'amender avant d'entreprendre la culture des choux-fleurs. Quand le sol est vraiment pauvre et (ou) sec, ou trop peu amendé, laissez tomber les choux-fleurs et cultivez d'autres légumes. Sinon, les plantes pousseront mal, les têtes s'étioleront et vous serez très déçu.

Semis et plantation

● Mi-mars à fin mai. Semez en planches ou en terrines.

● Juin-juillet. Repiquez par temps couvert, pluvieux, ce qui évite d'arroser.

● Creusez des trous au plantoir tous les 50-60 cm, avec autant entre les rangées. Versez de l'eau dans les trous de plantation.

● Tassez la terre à la main autour des plants et arrosez copieusement.

● Disposez un collier peu serré en plastique (ou feutre) autour des tiges pour faire barrage à la mouche du chou.

Semis espacés de 50 à 60 m

50-60 cm

Tassez bien le sol sous les colliers

Colliers protégeant les racines de la mouche du chou

Entretien

Arrosez les semis avant et après le repiquage. Sarclez pour obtenir un paillage de sol meuble et propre, et épandez un mulch de paille hachée qui conserve l'humidité. Arrosez copieusement. Dès qu'une tête apparaît, cassez une feuille au-dessus afin de la conserver propre.

Récolte

Si vous semez tôt des variétés automnales ou hivernales en les abritant bien, vos récoltes peuvent s'échelonner sur 9 à 10 mois. Coupez l'ensemble, avec les feuilles enveloppées, ou arrachez la plante entière et entreposez-la dans une remise à l'abri du gel.

Problèmes/solutions

● **Taches foliaires.** Il s'agit de taches couleur rouille sur les feuilles. Brûlez les plantes à la fin de la saison. Effectuez la rotation des cultures.

● **Pucerons laineux.** Ces insectes gris-bleu se trouvent au revers des feuilles. Pulvérisez une solution d'eau et de savon liquide. Brûlez les plantes en fin de saison.

● **Trous dans les feuilles.** Produits par des chenilles ou des oiseaux. Évitez le problème avec une cage à filet horticole.

Choux-raves

Un des bons côtés du chou-rave est qu'il peut se trouver dans votre assiette 6 à 8 semaines après le semis. En ce qui concerne le goût, le chou-rave, *Kohlrabi* en allemand, rappelle le goût du navet. On le consomme encore peu en France.

Semis	Plantation								Récolte														
Jan	Fév	Mars	Avr	Mai	Juin	Juil	Août	Sept	Oct	Nov	Déc	Jan	Fév	Mars	Avr	Mai	Juin	Juil	Août	Sept	Oct	Nov	Déc

White Danube F1

Très prisé outre-manche, cette variété tardive donne une grosse boule charnue blanche à peau verte. Goût et consistance ont été comparés à ceux de la variété suivante.

Autres variétés

● **Green delicacy.** Une variété précoce de la taille du poing dont la peau est vert clair et la chair blanche. La chair à texture délicate est un peu plus suave que celle de la Purple delicacy. Elle atteint les 200 g environ.

● **Logo.** Variété résistante à la montée en fleur et aux crevasses, dont les boules assez petites, aplaties et arrondies ont une chair tendre et savoureuse.

● **Purple delicacy.** Variété très tardive qui donne une boule violette à chair blanche, elle est plus tardive et plus rustique que la Green delicacy. La chair tendre a une saveur prononcée.

● **Superschmelz.** Une grande variété à montée en graine tardive qui donnerait des boules atteignant jusqu'à 8 kg !

Sol et exposition

Le chou-rave aime les sols légers à moyens, assez meubles, humides et fertiles. En fait, il a besoin de tout ce que le navet nécessite, sauf que le chou-rave est davantage à la surface du sol, la terre ne devant par ailleurs pas être travaillée à aussi grande profondeur. Il lui faut une parcelle ensoleillée (mais pas trop) et abritée, un gros arrosage. Si l'arrosage se fait attendre, la plante cesse sa croissance et monte en graines sans renflement de la tige.

Semis et plantation

● Mi-mars à août (selon les variétés). Creusez des sillons de 18 mm de profondeur espacés de 25-30 cm. Semez en poquets espacés de 13-15 cm. Tassez la terre et arrosez copieusement au pulvérisateur.

● Quand le semis est suffisamment grand, éclaircissez en ne conservant qu'une plantule tous les 15 cm.

● Arrosez autant que vous le pouvez par temps sec.

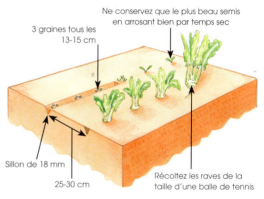

Ne conservez que le plus beau semis en arrosant bien par temps sec

3 graines tous les 13-15 cm

Sillon de 18 mm

25-30 cm

Récoltez les raves de la taille d'une balle de tennis

Entretien

Sarclez pour obtenir un paillage de sol meuble et arrosez abondamment. Quand le temps est sec, épandez du fumier usagé ou de la paille hachée. Arrachez les feuilles jaunes. Cassez les pousses et feuilles latérales pour ne conserver que des boules rondes lisses.

Récolte

S'effectue de juin à décembre, selon la variété. Utilisez une fourche pour déloger les boules de la terre. Récoltez selon les besoins. Trop longtemps en terre ou en entrepôt, elles se dégradent.

Problèmes/solutions

● **Boules de taille médiocre.** Souvent causées par un serrage excessif, ou dues à l'absence d'élagage des pousses latérales. Toujours suivre les recommandations d'espacement.

● **Feuillage jaune poisseux.** Occasionné par des colonies de pucerons au revers des feuilles. Pulvérisez avec un mélange d'eau et de savon liquide. Brûlez toutes les plantes affectées en fin de saison.

● **Texture ligneuse.** Due à une trop forte croissance, le mieux est de récolter les boules encore assez petites et tendres.

Concombres

Les concombres sont parfaits en salade, en sandwich, et les cornichons (même espèce que le concombre) au vinaigre le sont également. On peut les cultiver en pleine terre (légère) ou sous cloche.

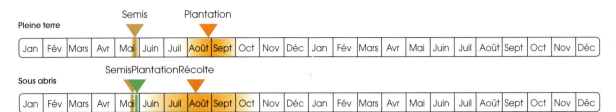

Pleine terre — Semis (Mai), Plantation (Août)

Jan	Fév	Mars	Avr	Mai	Juin	Juil	Août	Sept	Oct	Nov	Déc	Jan	Fév	Mars	Avr	Mai	Juin	Juil	Août	Sept	Oct	Nov	Déc

Sous abris — Semis, Plantation, Récolte

Jan	Fév	Mars	Avr	Mai	Juin	Juil	Août	Sept	Oct	Nov	Déc	Jan	Fév	Mars	Avr	Mai	Juin	Juil	Août	Sept	Oct	Nov	Déc

Telegraph amélioré

Une variété traditionnelle améliorée qui peut être cultivée en extérieur, sous cloche, ou en châssis. Elle donne de beaux fruits rectilignes, semblables à ceux de la Rollinsons telegraph, variété du début du XXᵉ siècle.

Autres variétés

● **Arménien metki blanc.** Variété aux fruits très longs et minces pouvant dépasser 1 m de long et de saveur unique. Surtout pour régions chaudes.

● **Prolific F1.** Une variété hâtive résistante aux maladies, de pleine terre, aux fruits moyens. Elle aime les soutiens, et peut se cultiver en extérieur dans les régions clémentes.

● **Gherkin.** Ce cornichon à croissance rapide en pleine terre a des fruits courtauds un peu piquants.

● **King George.** Une variété d'intérieur qui donne de longs fruits rectilignes vert foncé croquants et savoureux.

Sol et exposition

Le sol doit être léger à moyen, souple, profond, bien amendé et humide. La meilleure méthode est de creuser une tranchée et de la recouvrir avec un mélange de compost et de fumier. Retenez une placette bien ensoleillée sans courants d'air, et placez un écran en plastique ou autre abri du côté d'où vient le vent.

Semis et plantation

● Variétés sous abri. Mi à fin mai. Semez en terrine sur un tissu humecté et recouvrez avec du papier journal. Conservez à l'intérieur.
● Fin mai. Repiquez les semis dans un godet individuel pris dans un pot de fleurs. Recouvrez avec du verre ou du plastique.
● Variétés de pleine terre. Mi à fin mai. Creusez des tranchées de 30 cm de profondeur et autant de large, et remplissez de fumier. Semez en poquets de 18 mm de profondeur à 60-90 cm d'intervalle, et recouvrez avec des bouteilles en plastique.
● Éclaircissez et protégez la base des plantes restantes avec un paillis.

Variétés sous abri

Recouvrez avec du journal

Godet individuel

Semez sur du papier humide

Pot rempli de compo[st]

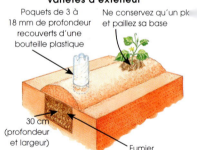

Variétés d'extérieur

Poquets de 3 à 18 mm de profondeur recouverts d'une bouteille plastique

Ne conservez qu'un pl[ant] et paillez sa base

30 cm (profondeur et largeur)

Fumier

Entretien

Tuteurez les plantes sous abri. Pincez au-dessus quand la plante atteint le haut de la cloche. Laissez traîner sur le sol les plantes en extérieur. Coupez les pousses latérales si elles sortent du potager. Arrosez

Récolte

Variétés d'intérieur, de juin à octobre ; d'extérieur, fin-juillet à fin-septembre. Soutenez les fruits et coupez-les avec un couteau bien affûté.

Problèmes/solutions

● **Fruits desséchés.** Dus aux pourrissements ou autres problèmes de racines liés à la sécheresse. Otez les fruits gâtés, arrosez quotidiennement.
● **Limaces et escargots.** Occasionnent divers dégâts et trous dans les fruits. Les ramasser manuellement.
● **Fruits amers.** Produits par l'excès de froid ou d'humidité. Arrosez quotidiennement et entourez la plante avec un écran en plastique.

Courges et courgettes

La culture des courgettes et des courges est vraiment passionnante, cela doit être dû à leur taille et leur forme. Les courgettes fraîchement cueillies frites dans de l'huile d'olive sont excellentes. Si vous avez aimé cultiver les courgettes, vous aimerez aussi les courges.

Semis Plantation Récolte

Jan	Fév	Mars	Avr	Mai	Juin	Juil	Août	Sept	Oct	Nov	Déc	Jan	Fév	Mars	Avr	Mai	Juin	Juil	Août	Sept	Oct	Nov	Déc

All green bush

Une variété de courgette très productive qui donne des quantités de fruits vert foncé. Si vous les coupez quand elles atteignent 10 cm de long et les faites frire à l'huile d'olive, elles sont très savoureuses. Plus on en cueille plus il en pousse.

Autres variétés

● **Jemmer F1.** Une courgette jaune vif très appréciable pour agrémenter les mets de sa couleur. On peut utiliser un assortiment de courgettes de couleurs, tailles et formes variées, avec de la tomate et poivrées, en barbecue.

● **Patisson orange.** Variété non coureuse aux fruits en disque bombé de couleur orange vif consommables jeunes comme courgettes puis farcis une fois matures.

● **Zucchini.** Variété qui donne des petites courgettes fermes à peau foncée parfaite pour le barbecue. Sachez toutefois que, si vous laissez trop grossir les fruits, la plante périclite, et que les gros fruits ont une texture lacuneuse et une saveur insipide.

Sol et exposition

Le sol doit être léger à moyen, souple, profond, bien amendé et humide. La meilleure méthode est de creuser une tranchée et de la recouvrir avec un mélange de compost et de fumier. Retenez une place bien ensoleillée sans courants d'air, et placez un écran en plastique ou autre abri du côté d'où vient le vent.

Semis et plantation

● Mi-avril à début mai. Semez en poquets (2-3) en pots sous verre ou plastique. Éclaircissez en gardant les meilleurs plants.

● Mi-mai à mi-juin. Creusez des trous de 30 cm de profondeur et autant de largeur espacés de 1,20-1,50 m (90 cm pour les variétés Bush) et remplissez-les de fumier bien décomposé. Au-dessus des trous, élevez des buttes de sol amendé. Placez les semis en pot en haut de ces monticules et arrosez copieusement.

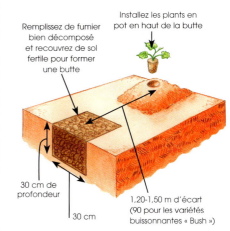

Remplissez de fumier bien décomposé et recouvrez de sol fertile pour former une butte

Installez les plants en pot en haut de la butte

30 cm de profondeur

30 cm

1,20-1,50 m d'écart (90 pour les variétés buissonnantes « Bush »)

Entretien

Sarclez pour obtenir un paillage de sol meuble. Épandez du fumier sec au pied des plantes. Pincez les pousses latérales à 60 cm environ. Toute la saison, arrosez et paillez avec un mulch d'herbe et davantage de fumier – ce qui stimule les récoltes. Disposez un plateau ou une planche sous les fruits.

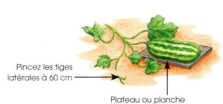

Pincez les tiges latérales à 60 cm

Plateau ou planche

Récolte

S'effectue de juillet à octobre. Cueillez les courgettes et les courges à la demande, de préférence à quelques jours d'intervalle pour qu'elles restent productives. En fin de saison, on peut les suspendre dans des filets et les entreposer à l'abri du gel.

Problème/solutions

● **Limaces et escargots.** Ce sont les principales nuisances, surtout quand les plantes sont jeunes et tendres. Ne repiquez pas tant que les tiges ne sont pas protégées par une garniture naturelle de poils. Restez vigilant, sarclez le sol, ôtez les feuilles mortes et les ravageurs.

Endives (chicorées)

Si vous disposez d'une serre, d'un châssis ou d'une cave, et si le fait d'attendre une récolte durant une bonne partie de l'année ne vous rebute pas, l'endive est une culture à votre portée.

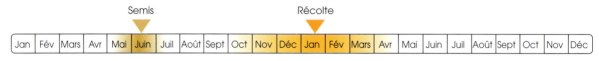

Semis						Récolte																	
Jan	Fév	Mars	Avr	Mai	Juin	Juil	Août	Sept	Oct	Nov	Déc	Jan	Fév	Mars	Avr	Mai	Juin	Juil	Août	Sept	Oct	Nov	Déc

Chicorée de Bruxelles

Une variété populaire de culture aisée aux grosses racines en forme de carottes. Après le blanchiment, ces dernières donnent des chicons blanc-jaune moyen. Ces endives croquantes sont succulentes, modérément amères et savoureuses – parfaites pour une salade ou un sandwich.

Autres variétés

● **Zoom F1.** Une variété facile à blanchir qui a des belles racines en forme de carottes dès septembre. Si les chicons sont croquants et savoureux, certains amateurs les trouvent un peu trop fades.

● **Chicorée italienne, Rouge de Vérone.** Une variété qui résiste bien au froid donnant une grosse pomme ronde rouge et blanc. Bon choix pour parcelles exposées aux risques de gel.

● **Chicorée italienne, Variegata di Chioggia.** Une variété très cultivée en Italie qui donne de grosses pommes rondes multicolores, tout comme de grosses rosettes. Beaucoup considèrent que cette variété est la meilleure.

Sol et exposition

Le sol doit être léger à moyen, de texture tendre, profond (le bêchage doit être le plus profond possible), fertile et humide. Évitez les terrains fraîchement amendés, car les racines risquent de se diviser au contact du fumier. La meilleure méthode consiste à amender pour une culture puis d'enchaîner avec la chicorée. Pour tester le sol, prenez une poignée de terre et faite-la rouler dans votre main pour en sentir la texture : elle devrait être friable (s'émietter sans grumeaux). Choisissez un coin ensoleillé sans courants d'air.

Semis et plantation

● Début mai à mi-juillet. Formez des sillons de 12 mm de profondeur espacés de 25-30 cm. Semez clairsemé, tassez la terre et arrosez avec un arrosoir à pomme fine.
● Éclaircissez en laissant 20 cm entre chaque plante.

Éclaircissez le semis (20 cm d'espacement)

Recouvrez avec du plastique noir

Sillon de 12 mm espacés de 25-30 cm

Taillez les racines en laissant 12 mm de couronne, et entreposez en sable sec dans un lieu non chauffé

Faites blanchir quatre racines dans un pot de 23 cm plein de sable humide et recouvrez. Après 3-4 semaines, taillez au niveau du sable

Entretien

Arrosez quotidiennement. Sarclez pour obtenir un paillage de sol meuble. Enlevez les feuilles fanées. Arrachez et taillez les racines pour enlever les racines secondaires et la terre, puis posez-les à plat dans du sable sec dans un lieu non chauffé.

Récolte

On peut récolter et consommer les variétés auto-blanchissantes d'octobre à décembre. On peut forcer les types traditionnels de mi-novembre à avril. Prenez quatre racines à la fois (celles que vous avez entreposées d'octobre à novembre), placez-les dans du sable humide dans un pot de 23 cm et recouvrez d'un plastique noir. Elles sont prêtes au bout de 3-4 semaines. Coupez-les juste au-dessus du niveau du sable.

Problèmes/solutions

● **Limaces.** Ramassez-les manuellement.
● **Dégâts aux tiges et feuilles.** Dus aux larves de noctuelles. Sarclez autour des plantes, et recherchez à vue les larves dodues de ces papillons.
● **Pourrissement des cœurs.** Donne des feuilles brun jaunâtre. Peut être dû au gel ou à un virus. Évitez le problème en employant des variétés résistant à ces méfaits.

Épinards

Beaucoup de gens sont repoussés par l'épinard, mais c'est parce qu'on le sert souvent trop cuit. En effet, fraîchement cueilli, bouilli quelques minutes, bien égoutté, et servi avec du beurre, il est absolument délicieux. On peut le cultiver toute l'année.

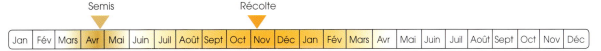

			Semis						Récolte														
Jan	Fév	Mars	Avr	Mai	Juin	Juil	Août	Sept	Oct	Nov	Déc	Jan	Fév	Mars	Avr	Mai	Juin	Juil	Août	Sept	Oct	Nov	Déc

Matador

Variété hâtive fiable facile à cultiver, semi-dressée, qui a de grosses feuilles vertes d'aspect caoutchouteux, d'une texture, d'un goût et d'un aspect agréables.

Autres variétés

● **Atlanta.** Une variété estivale et automnale fiable aux feuilles épaisses charnues vertes évoquant la laitue, succulente et savoureuse.

● **Bloomsdale.** Variété estivale productive aux nombreuses feuilles vert foncé résistante à la montée en graines.

● **Giant thick leaved prickly.** Variété hivernale et printanière aux énormes feuilles vert foncé croquantes et au goût caractéristique.

● **Géant d'Hiver.** Une variété hivernale rustique fiable qui donne une quantité de grandes feuilles vert foncé croquantes et goûteuses.

● **Medania.** Variété précoce lente à monter en graines au goût aussi onctueux que certaines grandes variétés.

Sol et exposition

On peut cultiver assez facilement ce légume dans presque tous les sols. Traditionnellement, l'épinard était cultivé comme culture d'appoint dans les espaces vacants entre les légumes. Peu importe que le sol soit mince et sec et que les plantes montent en graine, car l'épinard peut être vite cultivé, récolté en l'espace de quelques semaines et semé de nouveau. Si ce légume pousse presque partout, il ne donne de belles feuilles épaisses et charnues que quand le sol est bien préparé, bien amendé et frais, et si les plantes sont en rangées suffisamment espacées.

Semis et plantation

● Mars à juin. Tracez des sillons de 2,5 cm de profondeur et espacés de 25-30 cm. Semez clairsemé et recouvrez.

● Tassez la terre et arrosez copieusement au pulvérisateur.

● Quand les semis sont manipulables, éclaircissez à 7,5 cm en ne conservant que les plus robustes puis, plus tard, quand les feuilles sont en contact, éclaircissez à 15 cm.

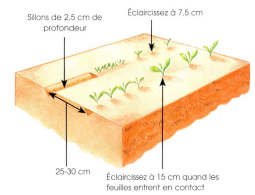

Sillons de 2,5 cm de profondeur

Éclaircissez à 7,5 cm

25-30 cm

Éclaircissez à 15 cm quand les feuilles entrent en contact

● Arrosez avant et après l'éclaircissage, et utilisez les plants arrachés en cuisine.

Entretien

Sarclez pour obtenir un paillage de sol meuble. Arrosez abondamment. Quand il fait trop sec, épandez une couche épaisse de paillis des deux côtés de la rangée et continuez d'arroser. Un déficit d'eau occasionne une montée en graine prématurée.

Récolte

Elle peut se faire de mai à avril de l'année suivante – presque toute l'année – selon les variétés et méthodes de culture. Cueillez les feuilles à la main, en éliminant régulièrement les feuilles en mauvais état.

Problèmes/solutions

● **Feuilles torsadées.** Probablement dû à une rouille, maladie virale inoculée par les pucerons. Éliminez ces derniers en vaporisant une solution d'eau et de savon, et arrachez puis brûlez les plantes contaminées.

● **Feuilles moisies.** Probablement dues au mildiou. Évitez le problème en espaçant suffisamment, de façon que l'air circule bien entre les plantes.

Fèves

La culture des fèves peut être stimulante. Même si l'écossage ne plaît pas à tout le monde, le plaisir de les consommer à l'étuvée, accompagnées d'une grosse tranche de pain beurré, devrait satisfaire les amateurs.

			Semis				Récolte			Semis d'hiver					Récolte d'hiver					
Jan	Fév	Mars	Avr	Mai	Juin	Juil	Août	Sept	Oct	Nov	Déc	Jan	Fév	Mars	Avr	Mai	Juin	Juil	Août	Sept	Oct	Nov	Déc

Bunyards exhibition

Cette variété anglaise est populaire en Angleterre depuis son introduction de longue date autour de 1880. Elle est très productive, 9 à 10 longues gousses très savoureuses. Elle se congèle bien.

Autres variétés

● **Aguadulce.** Très productive, à grosses graines blanches dans de longues cosses. Résiste bien au climat des régions plutôt septentrionales.

● **Green Windsor.** Une variété traditionnelle apparentée à Broad Windsor, davantage recherchée. Tous les types « Windsor » ont des gousses courtes et sont très savoureux.

● **Masterpiece green.** Aussi appréciée des jardiniers que des cuisiniers, cette variété hâtive donne en abondance de longues gousses contenant des graines vert vif. Le bon choix si vous vous régalez d'une assiettée de fèves.

● **Witkiem Manita.** Une variété très hâtive à semer dès l'automne. Elle donne 5 à 7 bonnes gousses de 18-20 cm de long.

Sol et exposition

Les fèves s'accommodent de presque tous les types de sols, mais prospèrent davantage en terrain profond, riche, frais, et qui a été enrichi en fumier bien décomposé. Les cultivateurs expérimentés recommandent un sol léger bien drainé pour les plus précoces (celles semées en novembre et récoltées en juin suivant), et des sols lourds pour la culture principale semée entre janvier et mai, et donnant des récoltes de juin jusqu'à la fin de l'année. D'une manière générale, les fèves apprécient un terrain abrité au sol frais bien drainé et supportent mal les terres saturées d'eau ou trop sèches.

Semis et plantation

● Février-avril. Pour la principale culture, sur sol sablonneux, préparez un sillon de 8 cm de profondeur (en sol profond, préparez des trous de cette profondeur au plantoir). Semez des graines isolées espacées de 13 à 20 cm en rangées de 45 cm d'espacement.
● Pour les variétés résistantes semées en novembre, même procédure (sillon, ou trous au plantoire).
● Arrosez copieusement puis tassez la terre.

Pincez les pousses sommitales en pleine floraison

Tuteurez avec des piquets et une corde

Graines espacées de 13 à 20 cm

45 cm

Sillon de 8 cm de profondeur

Entretien

Buttez les plantes de quelques centimètres de haut. Sarclez pour aérer le sol et produire un paillage léger en le nettoyant. Quand les bourgeons floraux sont formés, pincez les pousses supérieures afin de favoriser la formation de nombreuses gousses et de repousser les pucerons noirs (*Aphis fabae*). Après la floraison, arrosez fréquemment. Tuteurez avec des piquets et une corde.

Récolte

On peut récolter en fin juin et octobre, selon la variété et la date de plantation. Quand les gousses sont fermes, détachez-les de la tige (d'une torsion). La récolte est terminée, coupez les plantes au ras du sol pour en extraire les racines.

Problèmes/solutions

● **Puceron noir de la fève.** Pincez et enlevez les parties touchées, et pulvérisez avec une solution d'eau et de savon liquide.
● **Feuilles tachées de jaune-brun.** Probablement dues à la rouille. Arrachez et brûlez les plantes malades. Ne replantez pas cette plante au même endroit la prochaine fois.
● **Feuilles entaillées et rognées.** Cela est dû à un charançon qui grignote le bord des feuilles tendres. Évitez le problème en binant autour des jeunes plantes.

Haricots

Les haricots (*Phaseolus vulgaris*) trônent d'ordinaire en bonne place dans les potagers, tant en raison de leur culture aisée que de leur intérêt gustatif et culinaire. Les variétés abondent, ils peuvent être nains ou à ramer, à filets ou à grain. Leur taille s'échelonne de 40 à 300 mm.

Semis   Récolte

Jan	Fév	Mars	Avr	Mai	Juin	Juil	Août	Sept	Oct	Nov	Déc	Jan	Fév	Mars	Avr	Mai	Juin	Juil	Août	Sept	Oct	Nov	Déc

Sungold

Un haricot d'une variété assez originale qui donne de longues cosses étroites jaune vif. Le choix des variétés est grand, mais si vous voulez apporter une touche de lumière à vos planches c'est un bon choix.

Différentes variétés

Il existe plus de 130 variétés de haricots, qui appartiennent à 2 grandes catégories :

● Les **Haricots verts**, dont on mange la gousse en entier, et qui incluent les haricots beurre, à gousse jaune. Les variétés dites « mangetout » peuvent se consommer à un stade de maturité plus avancé car elles ne produisent pas de filets.

● Les **Haricots à écosser,** dont on ne mange que les grains, frais ou secs, de couleur variable : haricots blancs, noirs, rouges et pinto (rosés). Parmi les plus réputés, citons :

● Le **Coco blanc**, de forme ovale, et le coco rose (haricot borlotti), brun veiné de rouge foncé.

● Le **Flageolet vert**, un petit haricot mince et plat de couleur vert pâle.

Sol et exposition

Les haricots affectionnent les sols frais et légers en terrain bien travaillé, le froid et l'excès d'humidité nuisent à leur levée. Un bon terrain est celui qui a été profondément retourné et très enrichi pour la récolte précédente. Chaleur et fumure ancienne leur conviennent, et on doit humidifier le sillon quand le sol est trop sec, les sites à l'abri du vent étant par ailleurs conseillés.

Semis et plantation

● Avril-mai. Pour une récolte précoce, tracez des sillons de 5 cm de profondeur et semez les haricots à 5-8 cm de distance en rangées espacées de 45 cm.
● Mai-juin. Pour la récolte principale, semez comme ci-dessus.
● Juin-juillet. Semez comme ci-dessus.
● Arrosez copieusement.
● Protégez sous cloche les cultures précoces.

Cloche ou minitunnel (également au-dessus des plantes)

Graine espacées de 5 à 8 cm

Sillon de 5 cm

45 cm

Paillez autour de chaque pied

Entretien

Quand les plantes ont atteint quelques centimètres de haut, buttez la terre autour des tiges pour les protéger du gel et de la sécheresse. Sarclez pour nettoyer et alléger le sol, et paillez avec du fumier ancien ou de la tourbe. Arrosez copieusement les racines mais sans mouiller les feuilles. Tuteurez les variétés grimpantes.

Récolte

Selon les régions et les variétés, les semis d'avril à fin juillet donneront des haricots verts au bout de 2 bons mois. Comptez 4 mois pour des haricots à écosser, et même 5 mois pour ceux récoltés en grains secs.

Problèmes/solutions

● **Puceron noir.** Plus fréquent chez les fèves. Pincez et enlevez les parties touchées, et pulvérisez régulièrement avec une solution d'eau savonneuse.
● **Flétrissement des tiges.** Arrachez et brûlez les plantes. La prochaine fois, utilisez une variété résistante aux maladies.
● **Feuilles tachetées de jaune-brun.** Sans doute dû à une rouille. Arrachez et brûlez les plantes malades. Évitez de replanter des haricots de ce type au même endroit pendant deux années.

Haricots d'Espagne

Ce haricot (*Phaseolus coccineus*) est de plus en plus apprécié. Il présente le double avantage de produire d'abord des fleurs écarlates très décoratives, puis de longues gousses roses, chargées de grains délicieux, que l'on consomme comme les haricots rouges.

Semis   Récolte

Jan	Fév	Mars	Avr	Mai	Juin	Juil	Août	Sept	Oct	Nov	Déc	Jan	Fév	Mars	Avr	Mai	Juin	Juil	Août	Sept	Oct	Nov	Déc

Prizewinner

Une variété populaire qui donne de longues gousses rectilignes vert moyen à foncé. Si Scarlet emperor et Red rum sont vos deux premiers choix, choisissez donc Prizewinner en troisième.

Red run

Une variété très productive résistante aux maladies. Les haricots étroits et rectilignes ont quelque 15 à 20 cm de long. C'est un bon choix si vous ne trouvez pas de Scarlet emperor. Très savoureuse.

Scarlet emperor

Cette variété apparue au début du XXe siècle a les faveurs des jardiniers. Elle donne des haricots longs de texture rugueuse, dont la saveur et la texture restent inégalables. C'est le top des haricots d'Espagne.

Autres variétés

● **Keledon wonder.** Variété hâtive bien connue qui donne des paires de cosses courtes. Elle a une saveur puissante et agréable.

● **Painted lady.** Cette variété très ancienne (elle existe depuis au moins 150 ans) offre de nombreuses qualités : facile à faire pousser, très décorative (les fleurs sont rouges et blanc), très productive, et de goût et textures très agréables.

● **Streamline.** Variété renommé qui donne une grosse récolte de gousses vert foncé de texture rugueuse. C'est un bon choix si vous aimez la Scarlet emperor mais recherchez une texture un peu plus tendre et une saveur plus suave.

Sol et exposition

Le haricot d'Espagne prospère dès lors que le sol est bien préparé, dans un terreau léger à moyen. Il n'apprécie guère les sols argileux sauf, à la rigueur, ceux qui sont bien drainés. Si le terrain est lourd, il est bon de le bêcher et de l'amender avec du fumier.

Une bonne méthode : creusez en automne une tranchée de 60 cm de large et de 25 cm de profondeur et faites-en une fosse à compost. Si votre parcelle est exposée au vent, plantez 2 rangées espacées d'environ 1,20 m, puis raccourcissez la plante en pinçant les fleurs sommitales dès leur apparition ou – mieux – installez un solide tunnel à l'armature en « A » et laissez grimper les haricots dessus. La majorité des vrais amateurs de haricots d'Espagne opte pour une armature permanente faite d'une structure en acier léger et de filet en plastique.

Semis et plantation

● Dès que le temps le permet, préparez la tranchée de 60 cm de large sur 25 de profondeur. Garnissez-la de fumier et recouvrez de terre.

● Installez l'armature de soutien.

● Pour obtenir des semis sous verre en avril ou mai, plantez les haricots dans des pots pleins de compost.

● Fin mai, repiquez les semis tous les 15 cm au-dessus de la tranchée préparée.

● Pour semer directement en pleine terre en mai ou juin, tracez un sillon de 5 cm de profondeur au-dessus de la tranchée préparée et semez les haricots en les espaçant de 13-15 cm.

Semis et plantation (suite)

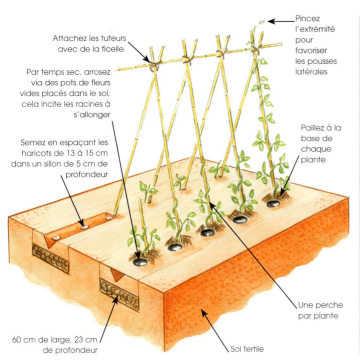

Attachez les tuteurs avec de la ficelle.

Par temps sec, arrosez via des pots de fleurs vides placés dans le sol, cela incite les racines à s'allonger

Semez en espaçant les haricots de 13 à 15 cm dans un sillon de 5 cm de profondeur

Pincez l'extrémité pour favoriser les pousses latérales

Paillez à la base de chaque plante

Une perche par plante

60 cm de large, 23 cm de profondeur

Sol fertile

Faire un tuteur « wigwam »

Placez 6 perches en bambou de 2,20 m, espacées de 30 cm, pour former un cercle de 60 cm de diamètre. Enfoncez-les d'environ 15 cm dans le sol, puis attachez-les ensemble au sommet avec de la ficelle.

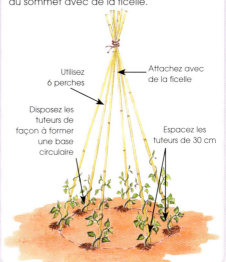

Utilisez 6 perches

Attachez avec de la ficelle

Disposez les tuteurs de façon à former une base circulaire

Espacez les tuteurs de 30 cm

Entretien

Sarclez la terre pour obtenir un paillage léger et un sol nettoyé. Par temps très sec, épandez un paillis ou du fumier ancien de chaque côté de la rangée pour mieux maintenir l'humidité. Certains jardiniers pour arroser facilement enfouissent des pots de fleurs vides dans le sol qui canalisent l'eau directement vers les racines. D'autres préfèrent pulvériser les plantes juste avant le coucher du soleil. Pincez l'extrémité de la plante dès qu'elle atteint le haut de l'armature. Assurez-vous bien que les tuteurs sont sûrs.

PROBLÈMES/SOLUTIONS

◄ **Pucerons.** Les grosses colonies de pucerons peuvent devenir une véritable nuisance, au point d'arrêter la croissance. Pincez et ôtez les parties infectées et pulvérisez un mélange d'eau et de savon liquide.

▲ **Charançons.** Leur présence est décelée par des incisions et des rognures au bord des feuilles tendres. La meilleure façon de prévenir ce problème est de biner autour des jeunes plantes.

▲ **Rouille.** Se décèle par la présence de taches brunes bordées de jaune sur les feuilles ayant pour conséquence une médiocre récolte. Arrachez et brûlez les plantes malades. Ne pas replanter la même chose au même endroit ensuite.

Autres dégâts. Les haricots d'Espagne résistent vraiment bien aux diverses nuisances, même s'ils peuvent parfois subir les attaques du mildiou, de certaines mouches, de vers ou de chenilles. Toutefois, le flétrissement des gousses est récurrent. Ce problème est souvent résolu en arrosant tout simplement bien au stade de la floraison.

Récolte

On peut récolter de juillet à octobre. Cueillez les gousses encore jeunes et fines, juste au moment où la forme des haricots commence à transparaître. Plus vous récolterez, plus vous en aurez. N'attendez pas la fin de la semaine, essayez de cueillir chaque soir. Sachez que si vous permettez aux gousses d'atteindre la maturité, la plante cessera sa croissance. Recherchez toutes les vieilles cosses déjà coriaces et jetez-les.

Précautions utiles

Certaines personnes sont sensibles aux poils fins des haricots d'Espagne : cela leur irrite la peau. Si vous êtes dans ce cas, utilisez des gants en coton, des chemises à manches longues, ainsi qu'une écharpe (soie ou coton) pour protéger les parties exposées.

Laitues

Autrefois, on n'obtenait des romaines croquantes et autres laitues beurre tendres que durant quelques mois par an. Maintenant, on dispose de laitues toute l'année. Une tranche épaisse de pain bis bien beurré enveloppée d'un cœur de laitue juste cueilli est difficile à égaler.

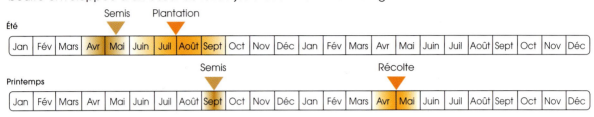

Été

Jan	Fév	Mars	Avr	Mai	Juin	Juil	Août	Sept	Oct	Nov	Déc	Jan	Fév	Mars	Avr	Mai	Juin	Juil	Août	Sept	Oct	Nov	Déc

Semis (Avr-Mai) · Plantation (Juil-Août-Sept)

Printemps

Jan	Fév	Mars	Avr	Mai	Juin	Juil	Août	Sept	Oct	Nov	Déc	Jan	Fév	Mars	Avr	Mai	Juin	Juil	Août	Sept	Oct	Nov	Déc

Semis (Sept) · Récolte (Avr-Mai)

Buttercrunch

Une variété de laitue beurre croquante à grosse pomme compacte bordée de feuilles froncées.

Autres variétés

● **All year round.** Une variété de laitue beurre traditionnelle rustique semée au printemps et en été. Sa pomme est compacte moyenne à consistance croquante et saveur douce prononcée.

● **Reine des glaces.** Variété de batavia pour semis de printemps et d'été à croissance rapide, et dont la pomme serrée a des feuilles croquantes.

● **Rouge grenobloise.** Laitue de printemps et d'été à feuillage nuancé de rouge. Pomme très cloquée croquante.

● **Webb's wonderful.** Variété très populaire et fiable, très prisée, ancienne, lente à monter en graine. Elle donne de grosses pommes froncées, croquantes et à saveur douce délicate. Bon choix si vous aimez les laitues dans les sandwichs.

Sol et exposition

Les laitues réussissent mieux en terrain léger, meuble, sablonneux et frais. Il faut un bon amendement, un bon drainage et une humidité permanente en été. Préparez des planches surélevées bordées de traverses ou de planches, et remplissez-les d'un mélange de terreau sablonneux et de fumier bien décomposé. Cela vous permet aussi d'installer une protection (cloche, toile, plastique) par temps froid.

Semis et plantation

● Laitue printanière. Semez de mi-août à octobre. Creusez des sillons de 1 cm espacés de 25 cm.
● Semez clairsemé, tassez le sol et pulvérisez de l'eau. Protégez du gel. Éclaircissez d'abord à 8 cm, puis de nouveau à 30 cm.
● Laitue d'été. Semez de mi-mars à mi-juillet. Creusez des sillons de 1 cm espacés de 25-30 cm (8-9 mm pour les variétés naines).
● Éclaircissez en espaçant de 23-25 cm en lignes décalées.

Laitue printanière

Utilisez une cloche par temps froid
Éclaircissez à 8 cm d'écart
Sillon de 1cm
25 cm
Éclaircissage final (30 cm d'écart) en lignes décalé

Laitue estivale

Sillon de 1 cm de profondeur
Éclaircissez (23-25 cm d'écart)
Décalez les rangées en éclaircissant
25-30 cm d'écart (moins pour les variétés naines)

Entretien

Sarclez pour réaliser un paillage de sol meuble. Binez et arrosez toute la saison. Si les oiseaux s'en mêlent, déployez un filet en coton noir au-dessus des plantes.

Récolte

Récoltez d'avril à octobre, en fonction des méthodes de culture et des variétés. En protégeant vos cultures, vous pouvez étendre leur période, semer plus tôt et récolter plus tard. Cueillez selon vos besoins en coupant au ras du sol.

Problèmes/solutions

● **Limaces et escargots.** Se décèlent aux feuilles trouées et entaillées. Ramassez-les manuellement.
● **Pucerons.** Donnent des feuilles tordues avec des colonies de pucerons verts marqués de noir. Pulvérisez avec un mélange d'eau et de savon liquide. Brûlez les plantes en fin de saison.
● **Feuilles auréolées de brun.** La plante manque d'eau, arrosez donc régulièrement.

Maïs doux

Dans les années 1960, on considérait le maïs doux comme une denrée exotique qui ne pouvait prospérer que dans le Midi. La bonne nouvelle est que l'on dispose désormais de variétés qui s'accommodent aux climats nettement plus frais.

Semis Plantation Récolte

Jan	Fév	Mars	Avr	Mai	Juin	Juil	Août	Sept	Oct	Nov	Déc	Jan	Fév	Mars	Avr	Mai	Juin	Juil	Août	Sept	Oct	Nov	Déc

Sweet nugget F1

Une variété d'extérieur fiable qui se récolte en septembre. Excellent choix pour les régions fraîches. Il donne d'assez longs épis aux gros grains dorés sucrés.

Autres variétés

● **Minipop F1**. Une variété miniature qui donne de très petits épis à confire au vinaigre ou à cuire.

● **Tasty gold F1**. Variété de septembre-octobre extrêmement sucrée qui donne des épis de 23-25 cm aux grains dodus. Attention lors de l'achat, il en existe désormais trois variantes : sucrée normale, sucrée améliorée, super sucrée. Il est important, pour éviter la pollinisation croisée entre les types, de bien les espacer dans vos cultures.

● **Nova F1**. Variété très précoce qui donne des épis de 20 cm à gros grains blancs très sucrés.

Sol et exposition

Le maïs doux nécessite un sol bien préparé profondément travaillé, bien drainé, léger à sablonneux, en situation abritée et ensoleillée. En automne, enterrez beaucoup de fumier et de compost, de manière qu'ils se décomposent bien avant la venue des plantes. Le maïs a besoin de beaucoup d'eau. Quand le sol se dessèche, imbibez-le et épandez un paillis de fumier bien décomposé. Dans le Midi, vous pouvez planter toutes les variétés qui vous plaisent, mais plus au nord, il est préférable d'essayer des variétés qui s'accommodent des vents froids, comme la Northen extra sweet.

Semis et plantation

● Fin avril-début mai. Semez une graine par pot de fleurs sous verre ou plastique et arrosez copieusement.

● Mi-mai à mi-juin. Quelques jours avant de planter, endurcissez les plants en les disposant à l'extérieur dans un endroit abrité ensoleillé. Creusez des trous pour y loger les pots (espacés de 30-45 cm en damier), et utilisez un pulvérisateur pour arroser les plantes en place.

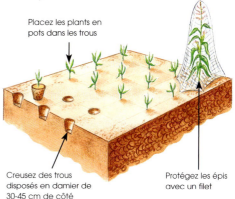

Placez les plants en pots dans les trous

Creusez des trous disposés en damier de 30-45 cm de côté

Protégez les épis avec un filet

Entretien

Sarclez pour obtenir un paillage de sol meuble. Buttez la terre pour maintenir les tiges en ayant soin de ne pas les endommager, car elles sont encore fragiles. Par temps sec, après la floraison, arrosez et recouvrez le sol d'un paillis épais. Quand les épis apparaissent, protégez-les avec un filet.

Récolte

S'effectue de juillet à octobre. Les épis sont mûrs quand les barbes sont brun noirâtre et lorsque les grains exsudent un latex blanc quand on les presse. Cueillez les épis à la main, d'un mouvement rapide de torsion et de cassure.

Problèmes/solutions

● **Semis distordu.** Le feuillage distordu et une croissance médiocre sont dus à la larve d'une petite mouche. Évitez le problème en cultivant le semis sous couvert jusqu'à ce qu'il acquiert cinq feuilles.

● **Expansions anormales.** Les expansions anormales qui saillent des épis sont dues au charbon du maïs. Arrachez et brûlez aux moindres indices et faites tourner les cultures.

Navets

Les navets sont tendres et savoureux, et on les rôtit ou les cuit au gré de notre fantaisie. Fait peu connu, les navets hâtifs, semés en automne et prêts au printemps, peuvent être consommés comme des légumes verts.

	Semis								Récolte														
Jan	Fév	Mars	Avr	Mai	Juin	Juil	Août	Sept	Oct	Nov	Déc	Jan	Fév	Mars	Avr	Mai	Juin	Juil	Août	Sept	Oct	Nov	Déc

Milan purple top
Variété hâtive à croissance rapide et bel aspect qui donne des navets aplatis à collet violacé et à chair blanche.

Autres variétés

● **Market express F1.** Variété semée au printemps et en automne à croissance rapide qui donne des navets sphériques blancs à texture ferme et saveur délicate. Il atteint la taille en 50 jours.

● **Boule d'or.** Variété populaire semée au printemps. Elle donne des navets ronds jaunes à chair ferme dorée et douce, atteignant la maturité en quelque trois mois. Bonne tenue au froid.

● **Green top stone.** Variété populaire et fiable semée en automne qui donne d'assez petits navets blanc verdâtre à texture ferme et saveur délicate.

Sol et exposition

Les navets poussent mieux en terrain frais sablonneux, riche et léger. En sol sablonneux sec, il faut que la terre soit profondément travaillée, bien amendée avec du fumier en décomposition et, surtout, humide, car si elle sèche, les racines s'étiolent et les plantes montent en graine en périclitant. Évitez les sols trop collants ou saturés d'eau, surtout les sols argileux. Les navets donnent mieux en exposition ensoleillée semi ombragée à l'abri du vent dominant.

Semis et plantation

● Février-juin, ou juillet-septembre, selon les variétés. Tracez les sillons profonds de 1 cm espacés de 25-30 cm.
Semez clairsemé et couvrez.
● Tassez la terre et arrosez copieusement.
● Quand le semis est manipulable, éclaircissez à 8 cm en gardant les meilleurs plants, recommencez à 15 cm ultérieurement.
● Arrosez avant et après l'éclaircissage. Tassez la terre à la main autour des jeunes plants.

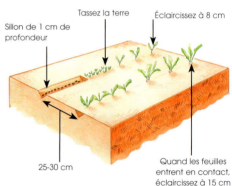

Sillon de 1 cm de profondeur

Tassez la terre

Éclaircissez à 8 cm

25-30 cm

Quand les feuilles entrent en contact, éclaircissez à 15 cm

Entretien

Sarclez pour obtenir un paillage de sol meuble. Attention de ne pas endommager le collet des navets, ce qui occasionnerait un chancre ou la pourriture du navet. Arrosez peu mais souvent. En cas de sécheresse sévère, imbibez bien la terre puis recouvrez-la d'un paillis épais.

Récolte

Selon les variétés, on récolte les navets d'octobre à fin décembre, les primeurs de mars à avril. Arrachez-les à la demande. Les navets sont meilleurs jeunes, petits et tendres. Pour stocker les excédents, coupez le feuillage par torsade et enterrez les racines dans un sac plastique contenant de la tourbe.

Problèmes/solutions

● **Limaces et escargots.** Percent des trous dans les feuilles et endommagent les racines, ce qui peut stopper la croissance des jeunes plantes. Ramassez-les à la main.
● **Chancre.** Se présente sous forme de zone brun rouille au collet des navets. Dû d'ordinaire à un dégât physique aux racines ou au contact avec du fumier frais. N'employez que du fumier bien décomposé, et tâchez de ne pas endommager les racines avec la binette.

Oignons et échalotes

Denrée de base de l'alimentation de nombreux peuples, l'oignon peut-être consommer de mille façons. De même l'ail et l'échalote sont-ils à leur place ici.

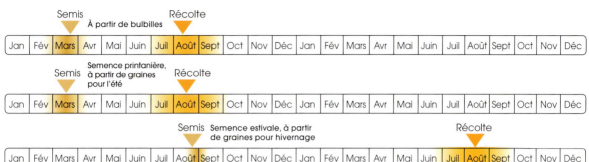

Semis ▼ — À partir de bulbilles — Récolte ▼

Jan	Fév	Mars	Avr	Mai	Juin	Juil	Août	Sept	Oct	Nov	Déc	Jan	Fév	Mars	Avr	Mai	Juin	Juil	Août	Sept	Oct	Nov	Déc

Semis ▼ — Semence printanière, à partir de graines pour l'été — Récolte ▼

Jan	Fév	Mars	Avr	Mai	Juin	Juil	Août	Sept	Oct	Nov	Déc	Jan	Fév	Mars	Avr	Mai	Juin	Juil	Août	Sept	Oct	Nov	Déc

Semis ▼ — Semence estivale, à partir de graines pour hivernage — Récolte ▼

Jan	Fév	Mars	Avr	Mai	Juin	Juil	Août	Sept	Oct	Nov	Déc	Jan	Fév	Mars	Avr	Mai	Juin	Juil	Août	Sept	Oct	Nov	Déc

Senshyu yellow

Variété japonaise hivernante très productive qui donne de beaux oignons ronds à chair blanche. Bon choix pour semer en fin d'été et récolter en juin suivant.

Autres variétés

● **Ailsa Craig.** Variété ancienne qui a fait ses preuves. Elle donne de gros oignons doux à peau dorée.

● **Messidor.** Variété d'ail de la Drôme à bulbes de 100-150 g aux caïeux de couleur ivoire très productive. **Thermidrome** est semblable, mais de couleur rosée et de moindre rendement.

● **Golden gourmet.** Une échalote de type hollandais aux petits caïeux croquants et goûteux.

● **Red Brunswick.** Une grande variété rouge violacé aux énormes oignons savoureux.

Sol et exposition

Les oignons préfèrent les sols travaillés en profondeur, bien amendés, frais, bien drainés, meubles, fertiles et d'exposition ensoleillée. Dans l'idéal, le fumier doit être enterré dès l'automne et bien décomposé au printemps, au moment de semer. Votre sol a besoin a besoin d'argile s'il est sableux et de sable s'il est glaiseux

Semis et plantation

● Semence de printemps (février-avril). Tracez des sillons de 1 cm de profondeur espacés de 25 cm. Semez clairsemé. Éclaircissez (2,5 à 5 cm entre les semis, selon les variétés).

● Semence d'automne (août-septembre). Même procédure.

● Bulbilles de printemps (février-avril). Les espaces de 5 à 8 cm en rangées de 25 cm d'écart.

● Variétés d'exposition (janvier). Semez en terrine sur un rebord de fenêtre. Repiquez en avril en espaçant de 8 cm en lignes de 30-40 cm d'écart.

Éclaircissez (2,5-5 cm d'écart)

Espacez les bulbilles de 5-8 cm, protégez des oiseaux avec des brindilles

Sillon de 1 cm de profondeur

25 cm

Repiquez les oignons d'exposition (8 cm d'écart) en rangées espacées de 30-40 cm

Entretien

Sarclez pour obtenir un paillage du sol. Par la suite, dégagez la terre à la main pour que les bulbes saillent nettement du sol. N'arrosez pas, mais sarclez plutôt la terre pour que l'humidité sous-jacente ne s'évapore pas.

Récolte

Récoltez de juin à septembre. Arrachez les oignons, selon la demande. Pour le mûrissement et l'entreposage, repliez les tiges. Quand elles sont jaunies, arrachez les oignons et laissez sécher au soleil. Mettez-les en cagettes ou faites des bottes, et entreposez-les à l'abri du gel.

Problèmes/solutions

● **Feuilles pendantes jaunes.** Probablement dues à la mouche de l'oignon. Arrachez et brûlez les plantes touchées.

● **Taches brun orangé.** Sans doute une rouille. Arrachez et brûlez les oignons concernés.

● **Feuilles vert foncé tombantes.** Trop d'azote : n'utilisez que du fumier usagé.

Panais

Particulièrement rustique, le panais se cultive facilement et prospère en sol fertile bien travaillé. On peut le maintenir en terre durant l'hiver. Servi à l'assiette, une fois rôti au four avec des pommes de terre, ou bouilli et en purée, il est étonnamment succulent.

| | | Semis | | | | | | | | | Récolte | | | | | | | | | | | | |
|Jan|Fév|Mars|Avr|Mai|Juin|Juil|Août|Sept|Oct|Nov|Déc|Jan|Fév|Mars|Avr|Mai|Juin|Juil|Août|Sept|Oct|Nov|Déc|

White king

Variété classique à longues racines pour sol profond. Elle donne des panais moyens pointus à chair blanche et un peu crème. La consistance est ferme et la saveur est « noisetée ».

Autres variétés

● **Avon resister.** Variété à racine courte, effilée et résistante au chancre. Bon choix pour les sols pauvres, minces et pierreux.

● **Countess F1.** Variété de saison très productive résistante aux maladies donnant des panais à peau lisse. Un bon choix si vous souhaitez faire valoir la forme et la texture de vos récoltes.

● **Gladiator F1.** Variété résistante au chancre pour sol profond. Elle produit des panais à peau lisse plus gros que la plupart des autres variétés. Valable si vous recherchez les légumes les plus gros possible.

● **Hollow crown.** Variété valable pour sol profond. Elle donne de longues racines pointues à peau crème et clair blanche.

Sol et exposition

Le panais s'accommode d'un sol bien préparé, meuble, de texture légère, bien drainé et fertile. Quand on a labouré suffisamment profond (pour que les racines descendent sans obstacles), et si on a amendé pour la précédente récolte, le panais prospère. Cependant, il n'aime pas le fumier frais et, comme les carottes, si ses racines touchent ce dernier, elles fourchent ou forment un chancre. Si votre terrain est pauvre et pierreux, il est préférable de choisir des variétés à racines courtes et trapues.

Semis et plantation

● Semez de mi-février à fin avril. Tracez des sillons de 15 mm de profondeur espacés de 20-25 cm. Semez en poquets de 13-15 cm d'intervalle.

Semez en poquets de 3-4 à 13-15 cm d'intervalle

● Tassez la terre au-dessus des graines et arrosez copieusement au pulvérisateur (mais n'inondez pas le sol).

20-25 cm d'écart

Sol fertile

● Quand les plants sont manipulables, éclaircissez en conservant les plants les plus robustes.

Entretien

Sarclez afin d'obtenir un paillage de sol meuble, mais prenez garde de ne pas endommager les racines naissantes (ces dégâts sont souvent cause de chancre ou de pourriture). Arrosez peu mais souvent pour éviter l'excès d'humidité occasionnant des fissures aux racines.

Récolte

On peut récolter d'octobre à mars. Le panais résiste bien au gel et on peut le laisser en terre jusqu'à la récolte. Quand vous arrachez les longues racines, utilisez une fourche pour les déloger en évitant de les casser.

Problèmes/solutions

● **Chancre.** Occasionne une tache brun rouille au niveau du collet. Généralement dû aux dégâts occasionnés aux racines, ou au fumier frais. N'utilisez donc que du fumier usagé et n'endommager pas les racines avec la binette.
● **Racine fendue.** Due à la présence de fumier frais ou d'un excès de pierres. Tâchez d'éviter les deux.

Poireaux

Si vous le désirez, vous pouvez cultiver l'énorme *prizewinner* – il n'est pas consommable –, mais si vous voulez vraiment goûter à ce légume – bouilli et assaisonné, recherchez des variétés de poireaux à gros fût.

Semis		Plantation				Récolte																	
Jan	Fév	Mars	Avr	Mai	Juin	Juil	Août	Sept	Oct	Nov	Déc	Jan	Fév	Mars	Avr	Mai	Juin	Juil	Août	Sept	Oct	Nov	Déc

St Victor

Variété française traditionnelle très rustique qui donne de gros fûts aux feuilles d'un vert-bleu caractéristique. Sa consistance croquante et sa saveur sont agréables.

Autres variétés

● **Géant d'Hiver.** Variété tardive qui produit des fûts épais et lourds à partir de janvier.

● **Hannibal.** Variété automnale et estivale donnant des gros fûts épais.

● **Musselburgh.** Variété hivernale traditionnelle qui donne de gros fûts épais dès décembre.

● **Pot.** Très grosse variété qui donne des très gros fûts courts (à l'égal du Monstrueux d'Elbeuf).

● **Prizetaker/Lyon.** Variété prisée fiable du début d'automne, primée depuis longtemps, donnant de longs fûts épais. Bonne pour épater votre entourage.

Sol et exposition

Les poireaux peuvent pousser dans presque tous les sols. Pour une bonne récolte il faut un sol travaillé en profondeur, bien amendé et frais, mais surtout humide et bien drainé. Il ne faut jamais que le sol soit saturé d'eau car sinon les fûts peuvent pourrir. Comme pour les concombres, céleris, courgettes et autres, une bonne méthode consiste à creuser des trous ou des tranchées et de placer les poireaux dans un mélange subtil de terreau et de fumier bien décomposé. La terre ainsi extraite et qui servira au buttage, doit être travaillée régulièrement pour rester légère, friable et un peu humide.

Semis et plantation

● Primeurs (janvier-février). Semez en terrines recouvertes de verre ou de plastique. Éclaircissez en espaçant les plants de 5 cm, repiquez-les en avril.

● Légumes de saison (mars-avril). Tracez des sillons de 1 cm espacés de 30 cm. Semez clairsemé et arrosez au pulvérisateur. Éclaircissez en espaçant de 2,5 cm.

● Juin-juillet. De préférence par temps pluvieux, creusez des trous au plantoir de 15 cm de profondeur et d'espacement, avec 30 cm entre les rangées. Repiquez les plants, un par trou – lequel est rempli d'eau.

Primeurs, semez sous cloche ou en serre

Éclaircissez à 2,5 cm d'écart.

Paillez les plants déjà repiqués (pour augmenter le blanchiment, buttez régulièrement)

Sillon de 1 cm de profondeur

30 cm

Percez des trous de 15 cm au plantoir

Logez les poireaux et remplissez d'eau

Entretien

Sarclez pour obtenir un paillage de sol meuble. Quand le plant a été repiqué, entourez-le d'un mulch de paille hachée ou de fumier usagé, et prenez le temps de biner régulièrement. Répétez ce buttage pendant toute la saison, de façon que seul le haut reste hors de terre, et arrosez fréquemment.

Récolte

Récoltez de septembre à mai, selon la méthode de culture et les variétés choisies. Aidez-vous d'une fourche pour arracher les racines, et récoltez selon vos besoins.

Problèmes/solutions

● **Feuilles jaunes tombantes.** Probablement dû à la mouche de l'oignon. Se présente sous forme de feuilles jaunies et de larves dans les tiges et les racines. Arrachez et brûlez les plantes touchées.

● **Taches brun orange.** Sans doute une rouille. Arrosez et brûlez les plantes abîmées aux premiers indices de rouille.

● **Feuilles vert foncé tombantes.** Dû à un excès d'azote : n'utilisez que du fumier bien décomposé.

Pois potagers

Le petit pois constitue un légume incontournable de nos parcelles. Les amateurs de viande l'aiment souvent pour accompagner l'agneau rôti. Les végétariens le mangent avec presque tout ; et même les enfants difficiles l'acceptent bien.

				Semis						Récolte													
Jan	Fév	Mars	Avr	Mai	Juin	Juil	Août	Sept	Oct	Nov	Déc	Jan	Fév	Mars	Avr	Mai	Juin	Juil	Août	Sept	Oct	Nov	Déc

Alderman

Une variété traditionnelle de pleine saison atteignant 1,50 m de haut qui donne une quantité de grosses gousses. Les pois sont fermes et parfumés, tout ce qu'on peut attendre des pois traditionnels.

Autres variétés

● **Corne de bélier.** Variété très productive à gousses pleines, très tendre et à grains jaunes (mangetout).

● **Greenshaft.** Variété très populaire demi-naine, variété précoce, et qui atteint les 60 cm de haut. Elle donne des quantités de gousses pointues par paires.

● **Lincoln.** Variété de saison qui atteint 60 cm de haut et produit une abondance de gousses vert foncé un peu incurvées. Consistance ferme et saveur sucrée caractéristique.

● **Merveille de Kelvédon.** Variété de pois nains à grains ridés très hâtive et productive. Tendres et naturellement sucrés.

Sol et exposition

Si les pois croissent sur tout type de sols bien préparés et humides. Les primeurs préfèrent les terrains sablonneux secs et ensoleillés, et les variétés de saison aiment des sols plus profonds, plus riches, au terreau frais – surtout travaillés en profondeur. Quand le fumier est trop frais ou trop abondant, les pois ont tendance à ne produire que des feuilles. Les pois ont besoin de beaucoup d'eau : si la terre se craquelle ou se dessèche, arrosez au pied des plantes et paillez avec un paillage de fumier usagé.

Semis et plantation

● Échelonnez les semis de mars à juillet dans des sillons de 5 cm de profondeur espacés de 40-120 cm, selon les variétés. Espacez les graines de 13-15 cm.

● Tassez la terre et arrosez copieusement.

● Recouvrez les travées de branchages, de treillis métalliques, de mousseline – tout ce qui protège des oiseaux.

● Surveillez pigeons, lapins, souris et chats qui peuvent occasionner des dégâts.

Sillon de 5 cm pour les graines

Protection contre les oiseaux

40-120 cm d'écart

Terreau humifère

Tuteurez en temps voulu

Entretien

Dès que les jeunes plants apparaissent, sarclez le sol pour créer un mulch fin. Répétez cette opération au moins une fois par semaine, spécialement par temps sec. En cas de longue sécheresse, arrosez et faites un amas, avec un paillage de fumier usagé de chaque côté des rangées. Quand le fumier est trop frais ou trop abondant, les pois ont tendance à ne produire que des feuilles. Si la terre se craquelle ou se dessèche, arrosez au pied des plantes et paillez avec un paillage de fumier usagé.

Récolte

On peut récolter de juin à octobre. Les pois ont tendance à grossir vite, cueillez-les donc quand ils sont encore jeunes. N'oubliez pas que des cueillettes fréquentes favorisent la croissance de nouvelles gousses.

Problèmes/solutions

● **Pucerons.** Les grandes colonies de pucerons freinent d'ordinaire la croissance des pois. Coupez les parties touchées et pulvérisez avec une solution savonneuse.

● **Mildiou et moisissures.** Donnent des feuilles jaunes et/ou des taches blanches, généralement par temps sec. Sauvez ce que vous pouvez et brûlez les plantes.

● **Tordeuse du pois.** Petite larve dans les gousses. Éliminez les gousses infestées.

Poivrons

Cultivés en grande partie comme les tomates et les aubergines, les poivrons sont autant appréciés pour leur couleur et leur forme que pour leur saveur. Si vous appréciez les salades et les poêlées, ils ont toute leur place dans votre jardin.

Plantation	Semis		Récolte																				
Jan	Fév	Mars	Avr	Mai	Juin	Juil	Août	Sept	Oct	Nov	Déc	Jan	Fév	Mars	Avr	Mai	Juin	Juil	Août	Sept	Oct	Nov	Déc

Beauty bell F1

Une variété douce qui donne une abondance de gros fruits dodus quadrangulaires. Ce poivron à chair épaisse peut être récolté encore vert ou conservé jusqu'à ce qu'il vire au rouge vif.

Autres variétés

● **D'Asti Giallo.** Variété mi-hâtive qui donne des fruits charnus jaune brillant de saveur très douce.

● **Arianne F1.** Une variété douce qui produit des poivrons vert clair virant à un bel orange rouge en mûrissant. La chair est croquante et agréable.

● **Long red Marconi.** Variété très productive dont les longs fruits effilés passent du vert au rouge, et dont la chair croquante est succulente.

● **Marconi tossa.** Poivron doux, long et fin dont la chair est sucrée.

● **Purple beauty.** Variété de poivron violet de 8 à 9 cm de long très résistante au virus de la mosaïque du tabac. Saveur douce, chair verte après cuisson.

Sol et exposition

Les poivrons préfèrent un sol bien drainé, bien amendé en situation bien abritée et ensoleillée. Engraissez le plus possible le sol en hiver, et bêchez profondément le sol. Placez-les sur une planche surélevée entourée d'un brise-vent en plastique ; autrement, vous pouvez planter les poivrons en serre dans des pots en plastique souple ou pourvus d'abris en verre ou en plastique. Traditionnellement, on les cultive dans les plates-bandes ensoleillées adjacentes aux palissades ou aux murs.

Semis et plantation

● Fin février-mars. Semez en terrine garnie de terreau humide que vous protégez avec une plaque de verre recouverte de papier journal. Maintenez sous abri.

● Fin avril à mi-mai. Repiquez les semis dans des petits pots (8 cm), arrosez et maintenez sous abri.

● Aux alentours de mi-juin, lorsque les plants sont assez robustes, repiquez-les en pots de 22 cm que vous recouvrirez d'une cloche et autre protection en plastique.

Repiquez le plant dans un pot de 22 cm garni de terreau

Pincez à 15 cm de haut

Tuteurez

Semez en terreau humide sous une plaque de verre recouverte d'un journal

45 cm d'écart

Repiquez le semis dans un godet de 8 cm

Retournez le verre chaque jour

Entretien

Arrosez les semis avant et après le repiquage, et arrosez quotidiennement. Sarclez pour obtenir un paillage de sol meuble et propre. Tuteurez et pincez la pousse du haut quand elle atteint 15 cm de haut. Si nécessaire, épandez du fumier usagé ou de la paille pour conserver l'humidité du sol.

Récolte

S'échelonne de juillet à octobre, selon la variété et le choix de mûrissement des fruits (verts ou rouges (mûrs)). Utilisez un contenu bien affûté pour cueillir les fruits sélectionnés.

Problèmes/solutions

● **Feuilles enroulées.** Dues aux températures trop basses. Protégez les plantes avec divers écrans ou couvertures.

● **Fruits et feuilles moisis.** Dus à des maladies virales qui surviennent par temps frais et humide. Les symptômes incluent feuilles et fruits moisis ; tiges tachetées et dégradation de la chair des fruits. Ôtez toutes les parties endommagées, ainsi que la litière à la base des plantes. Les nettoyer avec une solution à base d'eau et de savon liquide.

Pommes de terre

Rien ne vaut le plaisir de déterrer et de manger sa récolte de pommes de terre. Accommodés avec un peu de beurre ou servis en purée, rôtis, frits ou froids – ces légumes du jardin ont toujours quelque chose de particulier.

Plantation   Récolte

Jan	Fév	Mars	Avr	Mai	Juin	Juil	Août	Sept	Oct	Nov	Déc	Jan	Fév	Mars	Avr	Mai	Juin	Juil	Août	Sept	Oct	Nov	Déc

Désirée

Variété populaire demi-précoce résistante à la sécheresse qui donne une belle récolte de pommes de terre de taille moyenne à peau luisante rousse et à chair crème, avec une texture tendre et une saveur douce. Pas pour les frites.

Marfona

Demi-précoce à gros rendement qui donne de gros tubercules à peau lisse. Adaptée pour des pommes de terre rôties ou en robe des champs.

King Edward

Une variété demi-précoce prisée et renommée pour sa texture et son goût. Elle donne une grosse récolte de tubercules à chair crème et peau rose/crème.

Autres variétés

● **Charlotte.** Variété fiable très productive pour les salades, qui donne des tubercules moyens de consistance ferme.

● **Bintje.** Variété à chair farineuse convenant pour bouillir, rôtir, frire et en purée.

● **Maris piper.** Résistante aux anguillules, cette variété de saison est parfaite pour les frites.

● **Nicola.** Variété tardive pour les salades qui donne de longs tubercules fermes.

● **Ratte.** Variété oblongue et noueuse à chair ferme au goût de noisette. Précoce. Entre dans les purées du Chef Joël Robuchon.

Sol et exposition

La pomme de terre se cultive facilement dans pratiquement tous sols. Le seul fait de les butter et de les arracher a un effet nettoyant. C'est une excellente façon de démarrer une nouvelle parcelle – et il est même conseillé d'en cultiver le plus possible. L'exposition doit être découverte à ensoleillée. Si vous voulez éviter des maladies comme la rouille, il faut éviter les parcelles où ce légume a été cultivé précédemment.

Si presque tous les sols font l'affaire, leurs caractéristiques contribuent largement à la texture, la couleur et la saveur des tubercules. Ainsi, un terrain lourd et humide donne plutôt des pommes de terre lisses, onctueuses, jaune clair, tandis que des sols sablonneux et secs produisent des tubercules pelucheux et de consistance farineuse. Un terrain humide mal drainé ou en contrebas donnera des bonnes pommes de terre les années chaudes et sèches, mais par temps très chaud et humide, elles seront les premières à présenter des problèmes. Dans l'idéal, le sol doit être profondément labouré, bien drainé, meuble, argileux à sablonneux, et bien retenir l'humidité.

Semis et plantation

● Mise à germer (février). Disposez les tubercules dans des casiers sous abri, laissez-les jusqu'à ce que les pousses atteignent 2,5 cm de long.

● Plantation en début mars-avril. Creusez des sillons de 15 cm de profondeur et espacez les tubercules germés de 30 à 40 cm, en rangées de 60 à 75 cm d'écart.

● Recouvrez les pousses de terre en vous efforçant de ne rien endommager en binant sur les côtés.

● S'il fait froid, protégez les pousses avec de la paille et du tissu.

● Semis sous plastique noir (mars-avril). Ratissez et arrosez la terre. Posez les tubercules germés

à la surface en les espaçant de 30 à 40 cm, en rangées de 60-75 cm d'écart. Formez un monticule allongé sur les patates avec le râteau, et recouvrez d'une toile de plastique noir de 90 cm de large. Incisez le plastique au-dessus de chaque pied pour laisser le passage.

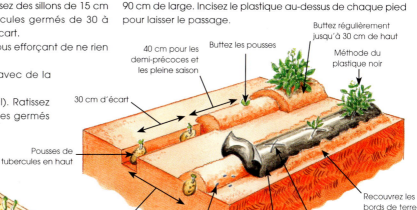

Mise à germer

Pousses de 2,5 cm de long

Pousses de tubercules en haut

40 cm pour les demi-précoces et les pleine saison

Buttez les pousses

30 cm d'écart

60 cm pour les primeurs, jusqu'à 75 selon les variétés

Anti-limace

Buttez régulièrement jusqu'à 30 cm de haut

Méthode du plastique noir

Recouvrez les bords de terre

Incisez devant les plants

Feuille plastique noir de 90 cm de large

Entretien

Dès l'apparition des feuilles, buttez la terre à la binette. Répétez l'opération tant que nécessaire, de façon que le feuillage saille juste du sommet de la butte. En recouvrant ainsi la plante de terre, assurez-vous que toutes les petites pommes de terre latérales ne sont pas découvertes par l'opération. Par temps très chaud, sarclez en surface pour créer un paillage

de sol meuble. Attention aux limaces et aux doryphores. Quand il fait très sec, épandez du fumier usagé ou de la paille hachée autour des plantes.

Si vous utilisez la méthode du plastique noir, repliez le plastique en début juin, enlevez les limaces, inspectez l'ensemble puis replacez le plastique.

PROBLÈMES/SOLUTIONS

● **Doryphore.** Ces petits insectes aux rayures noires sur fond blanc rognent le feuillage et affaiblissent les plantes.
Les ramasser dès qu'aperçus (en retournant les feuilles).

 ◀ **Larves de noctuelles.** Ce sont les chenilles de divers papillons de nuit. Elles forent des galeries dans les pommes de terre. Changez d'emplacement pour la prochaine récolte de pommes de terre pour éviter ce problème.

 ◀ **Anguillules.** Ces ravageurs vivent dans les tubercules et occasionnent un dépérissement et un pourrissement du feuillage. Détruisez les plantes infectées, et cultivez des variétés résistantes sur une nouvelle parcelle.

 ◀ **Mildiou.** Occasionne des feuilles brunies d'aspect maladif. C'est une maladie grave. Cultivez des variétés résistantes au mildiou sur une autre parcelle, en étant certain de maintenir les pommes de terre infectées loin des tomates. Enlevez et brûlez les plantes infectées.

Récolte

S'échelonne de juin à octobre. Utilisez une fourche à dents plates. Creusez profond et travaillez la terre à partir des limites externes de la plante et vers le centre, sans endommager de tubercules. Laissez ressuyer les légumes à la surface jusqu'à la fin de la saison, puis triez-les et mettez-les en sacs en séparant les « abîmées ». Consommez ces dernières en premier. Déterrez ensuite selon besoin.

Entreposez la récolte en surplus dans des caisses peu profondes, au sec, dans un abri sombre hors gel, ou à l'extérieur dans un « tas » spécifique. Ce dernier est composé de pommes de terre ressuyées entassées qui forment une longue butte en arête recouverte de paille et coiffée d'une couche de terre de 15 cm d'épaisseur. Creusez une tranchée autour du tas et évacuez toute eau stagnante.

Radis

Les radis peuvent passer du sachet de graines à l'assiette en quatre semaines. Ils réussissent mieux sur sol riche, frais et fertile en exposition ensoleillée.

		Semis					Récolte																
Jan	Fév	Mars	Avr	Mai	Juin	Juil	Août	Sept	Oct	Nov	Déc	Jan	Fév	Mars	Avr	Mai	Juin	Juil	Août	Sept	Oct	Nov	Déc

French breakfast

L'une des variétés printanières et estivales les plus anciennes et populaires. Elle donne une longue racine rouge à bout blanc. C'est un bon choix si vous recherchez quelque chose à croquer dans vos sandwiches aux laitues.

Autres variétés

● **Saxa**. Variété avec peu de végétation de tous les mois aux racines rondes rouges, très apte à s'adapter aux divers terrains.

● **Pink beauty.** Une variété à croissance rapide rose à rouge dont la chair blanche est tendre et très savoureuse.

● **Scarlet globe.** Variété populaire précoce à croissance rapide. Elle donne de beaux radis ronds rouges croquants à saveur délicate à douce.

● **Sparkler.** Variété fiable de culture facile. Donne des radis ronds écarlates à bout blanc croquants et de bonne saveur.

Sol et exposition

Les radis réussissent mieux sur sol riche, frais et fertile en exposition ensoleillée. Le terrain doit être poreux, meuble, facile à travailler riche en humus des cultures précédentes. Les radis donnent mieux dans de la terre bien tamisée contenant du terreau à tourbe venant de couches, de sacs de croissance, etc. Laissez de côté les sols riches en fumier frais qui donnent de belles plantes sans rien à manger. Optez pour une exposition découverte ensoleillée. Assurez-vous que la terre est bien tassée, avant et après le semis, de façon que les racines gonflent : les sols meubles produisent des racines maigrichonnes.

Semis et plantation

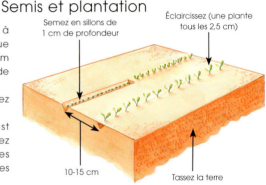

Semez en sillons de 1 cm de profondeur

Éclaircissez (une plante tous les 2,5 cm)

10-15 cm

Tassez la terre

● Échelonnée de janvier à août, le semis s'effectue dans des sillons de 1 cm de profondeur espacés de 10-15 cm.
Tassez la terre et arrosez copieusement.
● Quand le semis est manipulable, éclaircissez en ne gardant que les plantules les plus robustes (2,5 cm d'écart).
Attention : le contact du feuillage peut occasionner des démangeaisons (allergies).
● Arrosez abondamment avant et après cette opération

Entretien

Sarclez de chaque côté de la rangée pour obtenir un paillage de sol meuble. Arrosez peu mais souvent, afin d'éviter les problèmes d'écarts d'humidité (racines fendues). S'il fait très sec, épandez du fumier usagé de chaque côté de la rangée.

Récolte

On peut récolter d'avril à février, selon les variétés et méthodes de culture. Cueillez les radis encore jeunes, petits et tendres – la taille dépend de la variété. Mangez-les dès que possible après la cueillette.

Problèmes/solutions

● **Limaces et escargots.** Occasionnent des trous dans les feuilles et des dégâts dans les racines. Limaces et escargots peuvent stopper la croissance des jeunes plantes. Récoltez-les manuellement.
● **Feuillage abondant et racines minces.** Feuillage luxuriant et racine ligneuse maigre révèlent un excès d'azote dans le sol (probablement dû à du fumier fermenté). Évitez ce problème en utilisant du fumier usagé.

Rutabagas

Les rutabagas sont aussi faciles à cultiver que délicieux à manger. Il faut que le sol soit bien travaillé et, surtout, reste humide, car s'il se dessèche les plantes montent en graines sans renflement de la racine.

	Semis								Récolte														
Jan	Fév	Mars	Avr	Mai	Juin	Juil	Août	Sept	Oct	Nov	Déc	Jan	Fév	Mars	Avr	Mai	Juin	Juil	Août	Sept	Oct	Nov	Déc

Marian

Une variété rustique résistante aux maladies et productive qui donne de grosses racines à chair jaune et peau violette au goût agréable.

Autres variétés

● **Angela.** Une nouvelle variété hâtive qui donne des grosses racines à chair crème et peau violette au goût agréable et équilibré.

● **Best of all.** Variété productive très rustique qui donne de grosses racines à chair jaune et de couleur violette en haut.

● **Purple top.** Une ancienne variété très populaire fiable qui donne des racines à texture ferme bonnes pour la purée et qui s'entreposent bien.

Sol et exposition

Les rutabagas réussissent mieux dans les sols allant des terres légères humifères aux terreaux sablonneux, pourvu que le terrain conserve l'humidité et soit amendé avec suffisamment de fumier bien décomposé. Le sol doit être travaillé en profondeur. S'il se dessèche les plantes montent en graines sans renflement de la racine. Évitez les terrains collants et/ou gorgés d'eau. Les rutabagas préfèrent les expositions découvertes semi ombragées, avec un coupe-vent sur le côté exposé.

Semis et plantation

● Avril-juin. Tracez des sillons de 1 cm de profondeur espacés de 25-30 cm. Semez puis tassez la terre, arrosez copieusement avec un pulvérisateur.
● Quand les semis sont manipulables, éclaircissez à 8 cm en ne laissant que les plus robustes. Puis, quand les plants entrent en contact, éclaircissez à 15 cm.
● Arrosez après l'éclaircissage et tassez le sol à la main autour des plants.

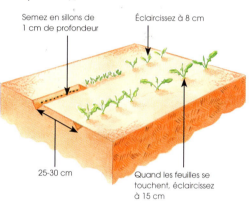

Semez en sillons de 1 cm de profondeur

Éclaircissez à 8 cm

25-30 cm

Quand les feuilles se touchent, éclaircissez à 15 cm

Entretien

Sarclez la terre pour obtenir un paillage de sol meuble. Attention de ne pas endommager les jeunes racines, ce qui risquerait de provoquer un chancre ou une pourriture. Arrosez peu mais souvent pour éviter les écarts d'humidité générateurs de fentes des racines.

Récolte

S'échelonne de septembre à mars. Arrachez à la demande. Il est préférable de consommer les légumes jeunes, petits et tendres. Entreposez l'excédent de racines en cassant les feuilles par torsion et en les enfouissant dans un sac plastique contenant de la tourbe.

Problèmes/solutions

● **Limaces et escargots.** Occasionnent des trous dans les feuilles et dégâts aux racines, pouvant ainsi stopper la croissance des jeunes plantes. Ramassez-les manuellement.
● **Feuillage exubérant et racines chétives.** Un feuillage très abondant et des petites racines ligneuses témoignent d'un excès d'azote dans le sol (probablement dû au fumier trop frais). Évitez le problème en n'utilisant que du fumier bien décomposé.

Salsifis et scorsonères

Si vous avez aimé cultiver et consommer des navets et des panais, vous aimerez aussi le salsifis et sa cousine la scorsonère. Ils donnent en abondance des légumes pas particulièrement présentables, mais vraiment très savoureux.

			Semis							Récolte													
Jan	Fév	Mars	Avr	Mai	Juin	Juil	Août	Sept	Oct	Nov	Déc	Jan	Fév	Mars	Avr	Mai	Juin	Juil	Août	Sept	Oct	Nov	Déc

Sandwich island

Une variété traditionnelle facile à cultiver qui était populaire dans les années 1900 quand des maraîchers l'ont cultivée pour des consommateurs éclairés et des hôtels de grand standing. Ce salsifis est long, fin, brun, à chair blanche et avec une racine de panais.

Autres variétés

● **Giant french.** Une ancienne variété de salsifis populaire en Angleterre dans les années 1900, alors que les gens ont estimé que le goût et la consistance du salsifis et de la scorsonère allaient bien ensemble. Quand on endommage les racines, elles suintent et perdent leur parfum.

● **Large black.** Variété de scorsonère facile à cultiver (nommée aussi Giant black ou Giant russian) qui donne de très grosses racines noir-violet (moins cependant que ci-dessous). Goût et texture agréables.

● **Long black maxima.** Variété de scorsonère très productive et résistante à la montée en graines. Elle donne des racines brun foncé très longues peu élégantes mais très parfumées.

Sol et exposition

En sol profond, léger, frais et fertile, salsifis et scorsonères donnent des racines plus grosses et plus longues. Ils pousseront cependant en sol lourd, pourvu qu'on l'ait profondément travaillé en obtenant une terre meuble, fine, sans pierres. Comme chez les carottes et les panais, les racines tendent à onduler et à se casser au contact des pierres. Le sol doit être préparé avec soin, chargé de fumier bien décomposé. Évitez le fumier frais, lequel fait se diviser, voire pourrir, les racines, la saveur devient rance et insipide.

Semis et plantation

● Avril-mai. Tracez des sillons de 1 cm de profondeur espacés de 25-30 cm, et semez par poquets de 2-3, à 13-15 cm d'intervalle.

● Tassez la terre et arrosez copieusement au pulvérisateur.

● Lorsque le semis est manipulable, éclaircissez en ne gardant que les plants les plus robustes (tous les 15 cm).

2-3 graines tous les 13-15 cm dans un sillon de 1 cm

Ne gardez qu'un semis par 15 cm

25-30 cm

Sol bien tassé

● Arrosez avant et après l'éclaircissage, et tassez la terre autour des plantes restantes.

Entretien

Sarclez pour obtenir un paillage de sol meuble. Comme pour les panais et les navets, attention de ne pas égratigner les jeunes racines (ce qui occasionne un chancre ou la pourriture de la partie supérieure). Arrosez peu mais souvent pour éviter les écarts d'humidité à l'origine des fissures des racines.

Récolte

S'échelonne d'octobre à avril. Cueillez et consommez selon vos besoins. Lors d'une grosse récolte, taillez le haut du feuillage en automne, buttez la terre jusqu'à 13-15 cm de haut, puis récoltez les pousses blanchies résultantes au printemps suivant.

Problèmes/solutions

● **Feuilles cloquées.** Ses feuilles présentent des quantités de cloques blanches, la croissance ralentie est inégale. Le problème peut généralement être réglé en arrachant et en brûlant les plantes affectées, celles qui restent étant bien espacées.

● **Dégâts aux racines.** On décèle une surface rugueuse brun orangé en haut des racines, comme pour le chancre du panais. Dégât généralement dû à une blessure de binage.

Scaroles (chicorées)

Le point fort des chicorées est qu'on peut les récolter de fin août à avril – une lueur dans les ténèbres de l'hiver. En vous y prenant bien, vous pouvez consommer des laitues au printemps et en été, puis enchaîner avec les chicorées…

Semis   Récolte

| Jan | Fév | Mars | Avr | Mai | Juin | Juil | Août | Sept | Oct | Nov | Déc | Jan | Fév | Mars | Avr | Mai | Juin | Juil | Août | Sept | Oct | Nov | Déc |

Pancalieri

Une variété populaire qui donne d'énormes pommes aux très nombreuses feuilles découpées. Si cette « frisée » peut être blanchie comme d'autres variétés, sa pomme est si dense que le cœur blanchit de lui-même.

Autres variétés

● **Grosse pancalière.** Variété de chicorée frisée au feuillage blanchissant naturellement, et dont les côtes sont rosées. Le développement est rapide. A consommer cuite ou en salade.

● **Cornet de Bordeaux.** Variété originaire de France de chicorée. Scarole volumineuse, tardive et résistante au gel. Très bonne productivité.

● **Wallonne.** Frisée blanchissante qui réussit en mini-tunnel. Elle donne une pomme très volumineuse au cœur naturellement blanc. Se récolte de novembre à janvier.

Sol et exposition

Les chicorées réussissent mieux en terrain profondément bêché, riche, pas trop lourd, fertile, et qui contenait du fumier bien décomposé de la précédente culture. Il est judicieux de préparer une planche surélevée, de façon à contrôler le mélange de la terre et à assurer un bon drainage. Pour les variétés estivales et automnales, il faut un emplacement ensoleillé, mais pour le printemps choisissez un coin plus abrité. Attention : les chicorées de printemps tendent à monter en graine avec trop d'ensoleillement. Le mieux est de choisir une parcelle ensoleillée et découverte en sachant que vous disposez d'écrans pour fournir de l'ombre.

Semis et plantation

● Mi-mars à début septembre. Tracez des sillons de 1 cm de profondeur espacés de 25-30 mm. Semez clairsemé, tassez la terre et arrosez abondamment.
● Éclaircissez (30 cm entre les plants)
● Arrosez copieusement, surtout par temps sec, mais ne jamais créer de flaques au pied des plantes.

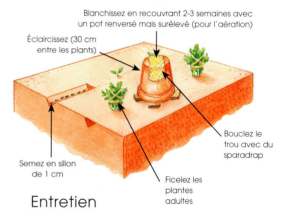

Blanchissez en recouvrant 2-3 semaines avec un pot renversé mais surélevé (pour l'aération)

Éclaircissez (30 cm entre les plants)

Bouclez le trou avec du sparadrap

Semez en sillon de 1 cm

Ficelez les plantes adultes

Entretien

Arrosez quotidiennement. Sarclez pour réaliser un paillage de sol meuble. Sans blanchiment, la chicorée est inconsommable. Blanchir les plantes entre juillet et octobre, quand elles arrivent à maturité. Choisissez une journée chaude et ensoleillée quand l'air est sec. Resserrez doucement les feuilles que vous attachez avec du raphia, puis recouvrez avec un pot de fleurs.

Récolte

On peut récolter 2-3 semaines après la pose du pot de fleurs. Inspectez régulièrement vos plantes pour vous assurer qu'elles restent sèches sans attaques de limaces. Passé la deuxième semaine, enlevez le pot et coupez au canif la plante au ras du sol.

Problèmes/solutions

● **Montée en graines.** Liée à un problème d'eau : arrosez souvent mais peu.
● **Limaces et escargots.** Les ramasser manuellement.
● **Pourriture brune.** Le cœur est endommagé après le blanchiment : cela est généralement dû aux limaces ou à une mauvaise technique de blanchiment (plantes trop serrées, ou recouvertes encore humides).

Tomates (sous abri)

Un coup d'œil sur les jardins familiaux révèle que les jardiniers adorent bricoler des serres à base de matériaux de récupération en vue de cultiver des tomates. On peut aussi utiliser des cloches, des housses, etc.

Semis		Plantation		Récolte																			
Jan	Fév	Mars	Avr	Mai	Juin	Juil	Août	Sept	Oct	Nov	Déc	Jan	Fév	Mars	Avr	Mai	Juin	Juil	Août	Sept	Oct	Nov	Déc

Harbinger

Variété précoce parfaite pour culture sous abri non chauffé. Elle donne une grosse récolte de belles tomates savoureuses.

Autres variétés

● **Cœur de bœuf.** Grosse tomate allongée pointue de pleine saison, tuteurée. Plantation avril-fin juillet, récolte juillet-août.

● **Cobra F1.** Variété rustique trapue de bon rendement et précoce. Fruits très fermes et savoureux. Plantation mi-mars à fin juin. Récolte mi-juillet à mi-octobre.

● **Sun baby.** Variété intermédiaire cultivable en pleine terre ou sous abri, et qui donne des petites tomates jaunes format cerise.

● **Tremio F1.** Variété de tomates à grappes très résistante aux maladies. Plantation avril à fin juillet, récolte mi-juillet à mi-août.

Sol et exposition

Dans le contexte d'un jardin familial, l'expression « sous abri » fait généralement référence à une « serre » de fortune, comme un écran de plastique ou un châssis à base de fenêtres de récupération. Dans ce contexte, la manière la plus pratique pour cultiver des tomates se fait directement en housses à tomates. Posez simplement le sac en exposition abritée ensoleillée, installez les tuteurs et protégez d'un film plastique ou autre, puis vous démarrez semis et plantation. Dans cette installation, le seul souci est l'arrosage. La règle est d'arroser autant que possible du moment que les plantes ne sont pas inondées : les tomates détestent l'arrosage irrégulier et l'eau stagnante…

Semis et plantation

● Fin février-début mars. Semez en terrine sur une planche de terreau humide, et protégez avec une plaque de verre recouverte d'un journal.

● Avril-mai. Quand les plants sont manipulables, repiquez-les en godets. Arrosez et gardez au chaud.

● Mai-juin. Placez les godets dans des sacs, arrosez copieusement et protégez avec une cloche ou un abri en plastique de votre choix.

Repiquage quand les fleurs en première grappe s'ouvrent

Les fruits poussent à part de la tige principale

Coupez les gourmands

Semez sous verre recouvert de journal

Semis en godet

Sac de culture

Entretien

Tuteurez et desserrez les liens. Éliminez les gourmands qui partent à l'aisselle de la feuille. Taillez au-dessus du quatrième ou cinquième groupe de fleurs. Arrosez peu mais souvent en utilisant un engrais « tomate ». Retirez les feuilles jaunes.

Récolte

On peut récolter de juin à octobre, selon les variétés et méthodes de cultures employées. Quand les premières grappes commencent à mûrir, vous pouvez accélérer le processus en enlevant les feuilles à partir du sol jusqu'à la première feuille au-dessus des grappes. Cueillez les tomates quand elles sont fermes et d'une jolie couleur.

Problèmes/solutions

● **Chute des fleurs.** Due à la sécheresse. Évitez ce problème en arrosant souvent.
● **Fruits décolorés.** La peau présente des taches vert noirâtre. Dû à un arrosage déficient aux premiers stades.
● **Couleur bronze.** Des taches brunes apparaissent sous la surface de la peau et la croissance en est médiocre. Causé par un virus. Utilisez des variétés résistantes aux virus.

Tomates (pleine terre)

Tout dépend de l'endroit où vous vivez et de l'exposition de votre parcelle : son orientation, le type de sol, les vents dominants, etc. Mais, si vous disposez d'un coin ensoleillé abrité, vous pouvez en principe cultiver des tomates avec succès en pleine terre.

Semis Plantation   Récolte

Jan	Fév	Mars	Avr	Mai	Juin	Juil	Août	Sept	Oct	Nov	Déc	Jan	Fév	Mars	Avr	Mai	Juin	Juil	Août	Sept	Oct	Nov	Déc

Gartenperle

Variété hâtive buissonnante adaptée aux paniers et autres bacs suspendus. Elle donne une quantité de petites tomates-cerises.

Autres variétés

● **Marmande.** Variété tardive très populaire qui donne de grosses tomates irrégulières très parfumées.

● **Moneymaker.** L'une des variétés les plus fiables et prisées très productives. Elle donne une quantité de fruits petits à moyens.

● **Saint-Pierre.** Variété tardive à très gros fruits prisée en France.

● **The amateur.** Variété buissonnante aux fruits moyens très parfumés. Bon choix si c'est votre premier essai de culture de tomates.

Sol et exposition

La culture des tomates en pleine terre peut s'effectuer dans presque tous les sols, de léger et sablonneux à argileux et lourd, pourvus qu'ils soient suffisamment travaillés, amendés, tassés et drainés, avec une exposition ensoleillée abritée. Les terrains bien labourés apportent de l'humidité quand le temps reste sec.

Semis et plantation

● Fin mars à mi-avril. Semez en terrine sur un terreau humide et protégé par une feuille de verre recouverte d'un journal. Gardez au chaud.
● Fin mai. Quand le semis est manipulable, repiquez en godet. Arrosez et gardez au chaud.

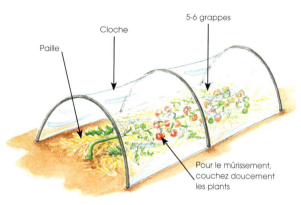

Paille

Cloche

5-6 grappes

Pour le mûrissement, couchez doucement les plants

● Mai-juin. Installez les godets dans un endroit abrité, arrosez copieusement, protégez avec une cloche ou autre abri de votre choix.

Entretien

Tuteurez et desserrez les liens. Pincez les gourmands. Taillez au-dessus du quatrième ou cinquième groupe de fleurs. Quand les fruits commencent à mûrir, épandez un paillage de fumier fermenté recouvert de paille, ôtez les tuteurs et couchez doucement les plantes. Recouvrez avec la cloche et continuez d'arroser les racines.

Récolte

Selon la variété, on peut récolter de juillet à octobre. Quand les premières grappes commencent à mûrir, éliminez les feuilles jusqu'à la première au-dessus de la grappe, et enlevez les fruits endommagés. Vérifiez que la paille reste craquante et sèche. Cueillez quand les tomates sont fermes et d'une jolie couleur.

Problèmes/solutions

● **Feuilles décolorées**. Causé par un des nombreux virus : occasionne des feuilles brunes tordues. Arrachez et brûlez toutes les plantes touchées. Évitez le problème avec des variétés résistantes aux virus.
● **Rouille.** Occasionne le pourrissement des fruits. Arrachez et brûlez les plantes affectées. Cultivez sur une autre parcelle la fois suivante.

Pour bien démarrer

Combien de temps faut-il attendre pour obtenir des fruits ?

Tout dépend du temps passé et des efforts consentis, si vous démarrez avec des plantes à racines nues ou en bac, ou si vous êtes prêt à construire écrans et autres assistances. Pour les baies de type mûres, groseilles et fraises, vous pouvez escompter une récolte au bout d'un an. Avec les arbres fruitiers, tels que pommiers, poiriers et pruniers, vous mangerez vos fruits au bout de deux à trois ans.

Qu'est-ce qu'un fruit ?

Botaniquement parlant, c'est « l'ovaire mûre d'une plante à fleurs contenant une ou davantage de graines ». Cette définition perturbe quelque peu le jardinier et le cuisinier qui considèrent certains fruits (tomate, melon) comme des légumes. C'est pourquoi nous adoptons ici la conception traditionnelle selon laquelle un fruit est sucré et juteux, généralement consommé cru ou cuisiné pour le dessert, et que l'on macère, qu'on trempe ou qu'on recouvre souvent de sucre, de crème (anglaise ou non), de crème glacée ou de fromages blancs variés.

Les petits arbres fruitiers sont très appréciés, car assez faciles à faire pousser et très productifs.

Le groseillier peut être cultivé en buisson en terrain découvert, en pot, voire palissé le long de cordons métalliques. Les fruits sont beaux mais surtout succulents et nutritifs.

Comment démarrer ?

Deux possibilités : soit vous débutez avec des baies, comme les fraises, enchaînez progressivement avec les groseilliers et les framboisiers, et abordez enfin les arbres fruitiers comme les pommiers et les poiriers ; soit vous démarrez directement avec ces derniers. Il est, à notre avis, préférable de s'abstenir de planter des arbres la première année. En effet, si vous consacrez celle-ci à votre intallation – d'ordinaire en observant ce qui se présente – vous préciserez mieux vos désirs, et pourrez les adapter à la gestion de votre parcelle.

Ravageurs et maladies

La prévention est toujours meilleure que la cure. Demandez à vos voisins ce qui, d'après eux, est le mieux. Sélectionnez des variétés résistantes aux maladies, choisissez l'emplacement avec soin (sol adapté, ensoleillement, flux d'air), préparez la terre selon les indications, évitez de trop serrer ; plus généralement, prenez le temps qu'il faut à chaque stade. Cela réduira les problèmes au minimum.

Fraises

Il n'y a vraiment aucune comparaison possible entre les fraises de jardin et celles des supermarchés. Une fraise du jardin se doit d'avoir une saveur, une texture et une couleur qui vous enchantent.

Jan	Fév	Mars	Avr	Mai	Juin	Juil	Août	Sept	Oct	Nov	Déc	Jan	Fév	Mars	Avr	Mai	Juin	Juil	Août	Sept	Oct	Nov	Déc

Plantation (racines nues) (En toute saison pour les plantes en bac) Récolte Taille

Cambridge Favourite

Variété hâtive, résistante aux virus et maladies, très productive, qui donne des fraises moyennes rouge orange pas aussi dodues et juteuses que d'autres. Cette variété reste néanmoins l'une des plus populaires.

Autres variétés

● **Gariguette.** Variété de fraisiers non remontants à assez gros fruits rouge vif peu sensible au botrytis (20 p. cent de la production française).

● **Honeoye.** Une variété très productive de début d'été aux fraises rouge foncé un peu molles.

● **Pegasus.** Variété de mi-saison résistante aux maladies. Les fraises de belle taille et de saveur délicate sont toutefois un peu molles.

● **Tantallon.** Variété estivale résistante aux maladies et très productive qui donne des fruits petits à moyens. C'est une bonne variété si vous avez eu des problèmes de mildiou et d'oïdium.

Sol et exposition

L'idéal est un sol profond humifère à tendance argileuse, mais le fraisier peut pousser dans presque tout sol bien entretenu pourvu qu'il contienne l'humidité durant les mois secs. Quand la terre est gorgée d'eau, froide, très acide, trop ombragée, les récoltes sont décevantes. Le site parfait sera une pente exposée au sud ou au sud-est avec une protection sur les flancs nord et nord-est. Durant la préparation, le sol doit être retourné en profondeur et bien amendé.

Semis et plantation

● Effectuez un double bêchage en incorporant du fumier bien décomposé.

● Juillet-septembre pour les plantes à racines nues. Creusez des trous peu profonds assez larges pour accueillir toutes les racines, en rangées espacées de 60 cm, les plantes étant à 45 cm d'écart.

● Versez de l'eau au pied des fraisiers et déployer délicatement les racines, recouvrez de sol friable, soulevez un peu la plante puis tassez bien la terre.

Paillis de paille

Marcottage des stolons dans du terreau en gobelet

45 cm

Arrosez la terre au pied des plantes

60 cm

Sol fertile

Protégez les fruits des oiseaux avec un filet

Entretien

Quand les fraises commencent à se former, épandez de la paille autour des plantes pour conserver la chaleur et repousser les mauvaises herbes. Enfoncez des baguettes ou des fils de fer, repliés en arceaux, pour réaliser un support bas en forme d'arche, et déployez dessus un filet pour repousser les oiseaux.

Récolte

Cueillez les fraises à mesure qu'elles mûrissent (leur couleur devient uniforme). Le matin est le meilleur moment, tandis qu'elles sont sèches. Coupez au niveau les pédoncules.

Problèmes/solutions

● **Limaces et escargots.** Percent et rognent les fruits. Les ramasser manuellement.
● **Fruits racornis.** Probablement dus au mildiou ou l'oïdium. Évitez le problème en cultivant des variétés résistantes aux maladies dans une parcelle ensoleillée bien aérée.
● **Fleurs noircies.** Probablement dues aux gelées. Évitez le problème en recouvrant les fraisiers avec un molleton fin.

Framboises

Les framboisiers et tous leurs hybrides avec la ronce (ronces-framboises, etc.) constituent dans tous les cas une bonne option pour un jardin. Choisissez une variété adaptée à votre parcelle.

(En toute saison pour les plantes en bac)   Plantation (racines nues)   Taille   Récolte   Taille

Jan	Fév	Mars	Avr	Mai	Juin	Juil	Août	Sept	Oct	Nov	Déc	Jan	Fév	Mars	Avr	Mai	Juin	Juil	Août	Sept	Oct	Nov	Déc

Malling orion
Une variété ancienne hâtive qui donne une grosse récolte de framboises roses au goût et à la consistance très agréables.

Autres variétés

● **Glen clova.** Variété très fiable et populaire qui donne une abondante récolte estivale de framboises rouges moyennes. Le calibre peut être assez réduit mais le goût et la consistance sont agréables.

● **Malling admiral.** Variété robuste résistante aux maladies qui donne en été une grosse récolte de grosses framboises fermes rouge vif.

● **Malling promise.** Variété très productive en été résistante aux maladies qui donne de grosses framboises orangées. La saveur est peu prononcée mais ce framboisier s'accommode de beaucoup de sols.

● **Zeva.** Variété rustique moyenne qui donne en automne de gros fruits rouges. Donne bien sur les parcelles venteuses ingrates.

Sol et exposition

L'asperge préfère un sol profond, léger et riche, un peu sablonneux, abrité mais ensoleillé. Le terrain doit être bêché en profondeur, et bien préparé : on préconise d'enrichir le sol avec 25 à 60 tonnes de fumier à l'hectare – soit, à l'échelle d'un jardin, deux seaux par mètre carré. Durant la saison, sarclez doucement la terre pour l'aérer et arracher les mauvaises herbes.

Semis et plantation

● Novembre-décembre pour les plantes aux racines nues. Faites un double bêchage accompagné de fumier bien décomposé, et creusez une tranchée de 15 cm de profondeur et 45 de large.
● Installez les framboisiers dans la tranchée espacés de 45 cm environ en rangées de 1,50 à 1,80 m d'écart.
● Remplissez la tranchée avec un mélange de terre et de fumier et tassez bien.

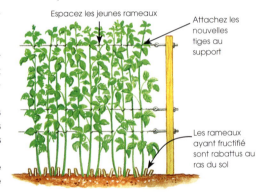

Espacez les jeunes rameaux

Attachez les nouvelles tiges au support

Les rameaux ayant fructifié sont rabattus au ras du sol

Entretien

Construisez une armature avec des fils de fer horizontaux à 60, 90 et 150 cm du sol. Après la plantation, rabattez toutes les tiges à 25-30 cm. Quand les nouveaux rameaux commencent à pousser, coupez les anciens au ras du sol. Attachez ces nouvelles tiges aux fils de fer. Après la fructification, rabattez les rameaux au niveau du sol et attachez les nouvelles tiges.

Récolte

Les framboises sont cueillies par temps sec et ensoleillé dès qu'elles sont bien colorées. On conserve ou non le pétiole. C'est la bonne époque pour enlever et brûler les fruits attaqués par les vers, avant que ces derniers ne se propagent.

Problèmes/solutions

● **Feuilles recroquevillées.** Dues aux pucerons qui tordent la marge des feuilles et occasionnent la chute prématurée des fruits et l'affaiblissement de la plante. Badigeonnez à la bouillie d'hiver et brûlez tous les détritus.
● **Ver du fruit.** Il s'agit très probablement de la larve d'un petit coléoptère, qui rogne les fleurs ; ces larves se développent dans les framboises. Évitez le problème en brûlant les vieilles tiges après la taille, en déblayant tous les détritus, et en badigeonnant à la bouillie d'hiver en décembre.

Groseilles, cassis

Nous avons regroupé ici les groseilliers rouges, blancs et le cassissier, non parce que leur culture est identique – ce dernier nécessite un traitement un peu spécifique – mais parce que la plupart des gens tendent à les apparenter.

Plantation (racines nues) (En toute saison pour les plantes en bac)   Taille   Récolte

| Jan | Fév | Mars | Avr | Mai | Juin | Juil | Août | Sept | Oct | Nov | Déc | Jan | Fév | Mars | Avr | Mai | Juin | Juil | Août | Sept | Oct | Nov | Déc |

Blanka white currant
Variété de juillet très populaire et vigoureuse qui donne une belle récolte de grosses groseilles dorées.

Autres variétés

● **Baldwin (cassissier).** Une variété prisée compacte de taille moyenne et tardive qui donne des cassis au goût sucré caractéristique. Excellent pour la gelée de cassis.

● **Boskoop giant (cassissier).** Une grande variété vigoureuse précoce qui produit de belles grappes de gros cassis sucrés. Bon choix pour un coin chaud abrité.

● **Versaillaise rouge (groseillier).** Variété rustique productive à grappes courtes donnant en fin juin des grains rouges moyens juteux acidulés, recommandée pour les confitures.

● **Red lake (groseillier).** Une variété vigoureuse qui donne de belles grappes de groseilles rouges de gros calibre.

● **Gloire des sablons (groseillier).** Variété moyennement vigoureuse productive à floraison tardive donnant en mi-juillet des grappes moyennes de grains miel ou rosés parfumés très sucrés.

Sol et exposition

Groseilliers et cassissiers poussent dans presque tous les sols, même assez humides et lourds, mais ils préfèrent les terrains légers, sablonneux, bien drainés et humifères. La terre doit être profondément labourée et bien amendée avant la plantation. Recherchez un emplacement humide mais bien drainé. Dans l'idéal, les plantes doivent être espacées d'environ 1,50 m, très ensoleillées, bien aérées, et protégées du vent au nord et à l'est. Si votre jardin est très exposé, vous pouvez installer des écrans du côté des vents dominants.

Semis et plantation

Cassissier, 1ère saison après la taille

Groseillier, taillé en buisson

●Novembre ou fin février-mars pour les plantes à racines nues, toute l'année pour celles en bac. Creusez un trou assez large et profond pour que les racines puissent se déployer.
●Versez environ 10 cm de fumier bien décomposé au fond du trou et installez les plantes à racines nues en place. Disposez celles poussées en bac de façon que la terre se trouve finalement au niveau du sol.
●Remplissez le trou de fumier bien décomposé recouvert de terre bien tassée.

Entretien

Quand les cassissiers sont plantés, rabattez toutes les tiges à environ 2,5 cm du sol, puis, à la saison suivante, coupez toutes les pousses qui ont donné des fruits. Rabattez les tiges principales des groseilliers à la moitié juste après la plantation. En fin d'hiver, coupez les rameaux qui poussent en travers du centre de la plante.

Récolte

Cueillir dès que les fruits ont changé de couleur, tandis qu'ils restent fermes et luisants. Il est préférable de cueillir la grappe entière que les fruits séparés. Les bonnes années, il faut répéter l'opération une ou deux fois par semaine.

Problèmes/solutions

● **Disparition des fruits.** Quand ils le peuvent, les oiseaux picorent les baies. Évitez le problème en disposant un filet (cage).
● **Trous des feuilles cernés de brun.** Probablement dus à une capside (punaise). Les attaques massives donnent des pousses tordues et la chute des fruits. Pulvérisez avec une huile d'hiver. Évitez le problème en cultivant une variété résistante.

Groseilles à maquereau

Les bonnes années, il faut récolter les groseilles à maquereau une à deux fois par semaine, et il est aisé et réjouissant de faire pousser ce groseillier. Si vous ne disposez de place que pour un seul buisson, c'est celui-ci qu'il faut choisir.

Taille **Plantation (racines nues)** (En toute saison pour les plantes en bac) **Récolte**

Jan	Fév	Mars	Avr	Mai	Juin	Juil	Août	Sept	Oct	Nov	Déc	Jan	Fév	Mars	Avr	Mai	Juin	Juil	Août	Sept	Oct	Nov	Déc

Leveller

Une variété fiable et très populaire qui donne de gros fruits duveteux, vert-jaune, à manger frais ou cuits. Si vous ne disposez de place que pour un seul buisson, c'est celui-ci qu'il faut choisir.

Autres variétés

● **Black velvet.** Variété primée résistante au mildiou qui donne une grosse récolte de fruits rouge foncé de la taille d'un grain de raisin. Couleur, saveur et résistance au mildiou en font un bon choix.

● **Careless.** Ancienne variété très prisée jaune-vert qui donne des fruits moyens lisses et croquants à cuire.

● **Hinnonmaki.** Variété résistante au mildiou qui donne des grosses baies rouges très savoureuses, très appréciées en Europe et aux États-Unis.

● **Keepsake.** Variété très hâtive aux fruits vert clair moyens à cuire. C'est le bon choix pour les tartes et les tourtes.

Sol et exposition

Le groseillier à maquereau s'accommode de tous les sols profondément retournés, bien amendés, moyennement à très humifères. Cela dit, la plupart des variétés sont plus sensibles à l'oïdium et au mildiou en terrain lourd. La terre doit être humide mais bien drainée, avec suffisamment de fumier pour conserver l'humidité. Évitez les sols tourbeux. Le groseillier à maquereau est rustique, mais il préfère les places ensoleillées aérées abritées au nord et à l'est.

Semis et plantation

● Octobre-novembre ou fin février-mars pour les plantes à racines nues, et en toute saison pour celles issues de bacs. Creusez un trou dont la largeur et la profondeur permettent aux racines de se déployer.

● Déposez environ 10 cm de fumier bien décomposé au fond du trou et installez-y les plantes aux racines nues. Disposez les plantes sorties de bacs de façon que le haut du terreau soit au niveau du sol.

● Remblayez avec un mélange de terre de déblai et de fumier bien décomposé recouvert de terre bien tassée.

Entretien

Après la plantation, rabattez chaque rameau principal jusqu'à la moitié environ. L'automne suivant, coupez la moitié supérieure des rameaux de l'année. À la fin de la saison suivante, raccourcissez les tiges de la saison de moitié et éclaircissez toutes les branches qui traversent le milieu du buisson.

Récolte

Récoltez les fruits à cuire dès qu'ils se colorent (encore durs), et les fruits à manger frais quand ils sont assez mous au toucher. Les bonnes années, il faut récolter les groseilles une à deux fois par semaine.

Rabattez les jeunes rameaux à la 1ère et à la 2e saison, ce qui donne un buisson régulier.

Problèmes/solutions

● **Feuilles recroquevillées, tordues.** Probablement dues aux pucerons. Pulvérisez avec un badigeonnage d'hiver huileux.

● **Trous dans les feuilles.** Certainement dus à la tenthrède du groseillier. En hiver, dégagez la terre et la litière à la base de la plante jusqu'à environ 7,5-10 cm et brûlez-les, puis pulvérisez au badigeonnage d'hiver.

Mûres

Si vous appréciez la cueillette et la consommation des fruits rouges, et si vous disposez d'un peu de place sur l'un des côtés de votre parcelle, les mûres sont indiquées : comme chaque pied donne de 5 à 12 kg de fruits, vous ne risquez pas de manquer de confiture !

Plantation (racines nues)   (En toute saison pour les plantes en bac)   Récolte

Jan	Fév	Mars	Avr	Mai	Juin	Juil	Août	Sept	Oct	Nov	Déc	Jan	Fév	Mars	Avr	Mai	Juin	Juil	Août	Sept	Oct	Nov	Déc

Himalaya giant

Variété vigoureuse fiable très populaire, tardive, qui donne une grosse récolte de grosses mûres noires acidulées parfaites pour la confiture.

Autres variétés

● **Bedford giant.** Variété vigoureuse hâtive bien connue qui produit de grosses grappes de fruits sucrés. Leur grosse taille constitue un bon choix pour une parcelle familiale.

● **Fantasia.** Une variété assez récente, vigoureuse, tardive, donnant des fruits particulièrement gros.

● **John Innes.** Une bonne variété à l'ancienne tardive qui donne de gros fruits sucrés.

● **Merton thornless.** Variété basse sans épines et tardive qui donne de gros fruits dodus au goût agréable. Elle n'est pas très productive, mais l'absence d'épines rend la récolte aisée – bon pour les enfants !

Sol et exposition

Tous les types de sols ordinaires conviennent pourvu qu'ils aient été bêchés assez profondément, bien amendés et soient sans eau stagnante. Elles pâtissent des terrains saturés d'eau. Si le terrain est léger et sablonneux, épandez une couche de fumier bien décomposé qui conservera l'humidité. Les pieds de mûres réussissent mieux si on les aligne nord / sud : le soleil matinal chauffe la face est de la rangée, à midi il la surplombe sur toute sa longueur, et l'après-midi il réchauffe la face ouest.

Semis et plantation

● Mars-avril à décembre pour plantes à racines nues, toute l'année pour celles en bac. Creusez une tranchée de 25 cm de profondeur et 60 cm de large.
● Déposez environ 10 cm de fumier bien décomposé au fond de la tranchée et placez les plantes à racines nues dedans, en les espaçant de 1,80 m. Disposez les plantes cultivées en bac de façon que le haut de leur terreau soit à niveau avec le sol.
● Garnir la tranchée de fumier bien décomposé recouvert de terre bien tassée.
● Construisez une palissade avec des piquets de 1,80 m et du fil de fer (ces derniers espacés horizontalement de 30 cm).

Entretien

Rabattez les tiges à environ 25 cm au-dessus du sol en coupant au-dessus d'un bourgeon vigoureux. L'été, palissez les tiges le long des fils, excepté le supérieur. La 2e année, guidez les nouvelles tiges sur le fil supérieur. En automne, rabattez toutes les tiges fructifères. Répétez l'opération les années suivantes.

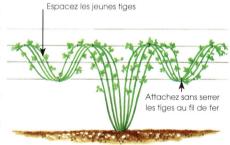

Espacez les jeunes tiges

Attachez sans serrer les tiges au fil de fer

Récolte

Cueillez les fruits quand ils viennent juste de virer du rouge au noir et restent fermes. Pour tester, prenez une mûre et tirez-la doucement : si elle se détache nettement de sa tige, elle est prête.

Problèmes/solutions

● **Feuilles poisseuses recroquevillées.** Dues aux pucerons. Feuilles tordues et cloquées. Les grosses colonies de pucerons arrivent à déformer les pousses et les fruits tombent. Pulvérisez de l'huile d'hiver qui détruit les œufs. Brûlez les sarments et les détritus à la fin de la saison.
● **Oïdium.** Moisissure poudreuse blanc grisâtre. Attaque d'ordinaire les parties où il y a beaucoup d'eau, et quand l'environnement est confiné, très chaud ou très froid. Rabattez le feuillage inférieur et retirez tous les détritus présents sur le sol.

Poires

Si vous prévoyez d'occuper la même parcelle au moins cinq années, la plantation de poiriers à racines nues disposés en espalier est une très bonne option. Avec un peu de chance, vous devriez vous régaler avec des fruits délicieux dans les 4-5 ans.

Plantation (racines nues) (En toute saison pour les plantes en bac)   Récolte   Taille

Jan	Fév	Mars	Avr	Mai	Juin	Juil	Août	Sept	Oct	Nov	Déc	Jan	Fév	Mars	Avr	Mai	Juin	Juil	Août	Sept	Oct	Nov	Déc

Conférence
Peut-être la variété la plus populaire, autogame, des poires au couteau qui donne de longs fruits compacts. C'est le meilleur choix que vous pouvez faire si vous aimez les poires fermes.

Autres variétés

● **Beurré-Hardy.** Une variété autogame vigoureuse donnant des poires au couteau de taille moyenne jaune verdâtre.

● **Durondeau.** Variété partiellement autogame compacte qui porte des fruits moyens jaune à rouge. C'est un bon choix pour une parcelle abritée et bien chaude.

● **Louise-Bonne.** Une ancienne variété fiable partiellement autogame de poires au couteau de taille moyenne, et de couleur jaune verdâtre nuancée de rouge. Les fruits sont mûrs vers la fin septembre.

● **Williams bon chrétien.** Variété ancienne autogame très prisée qui donne de grosses poires dodues vert jaunâtre pointillé de roux à chair savoureuse.

Sol et exposition

Si les poiriers réussissent mieux lorsqu'ils sont plantés en terreau bien drainé, un arbre qui pousse en sol lourd bien drainé donne généralement mieux qu'en sol sec et léger ou sec et glaiseux. Le site est important, le poirier a besoin d'un coin chaud, abrité, sans gelées, avec un écran contre le vent aux flancs nord et est. Si vous vous inquiétez pour votre site, évitez les problèmes en protégeant vos poiriers avec des filets ou écrans de plastique temporaires.

Semis et plantation

● Octobre-novembre pour les arbres à racines nues. Creusez un trou de 45 cm de profondeur et 7,5 à 15 cm de diamètre. Fragmentez le sous-sol, et recouvrez-le avec une fine couche de brique pilée.
● Installez l'arbre dans le trou avec ses racines supérieures à 7,5-10 cm sous la surface.
● Remplissez le trou avec du sol humifère et tassez bien.

Entretien

Pour les détails sur la culture des arbres ou des arbustes, voir la rubrique Pommier (p. 73). Pour un espalier, après la plantation, installez une petite armature en palissade

En été, palissez les plantes en leur donnant deux « bras ».

Au début de l'hiver, abaissez les bras à l'horizontal et rabattez l'extrémité des rameaux.

avec du fil de fer. Rabattez le scion à environ 38 cm. En été, fixez les pousses aux fils de fer. Au début de l'hiver, abaissez soigneusement les branches latérales à l'horizontale et attachez-les en place. Rabattez les extrémités de chaque rameau jusqu'à un œil. Répétez l'opération les années suivantes.

Récolte

Cueillez les poires à cuire dès qu'elles commencent à se colorer (et restent fermes). Logez la poire dans la paume de la main et, sans en endommager la peau, soulevez-la doucement. Elle doit se détacher avec une légère torsion.

Problème/solutions

● **Chute de fruits.** Très probablement dû à la cécidomyie du poirier. Ce diptère pond dans les bourgeons et leurs larves creusent des galeries dans les jeunes fruits qui tombent avant maturité. Contrôlez le problème en ramassant régulièrement fruits et feuilles, et en binant profondément le sol.

Pommes

De plus en plus de gens plantent des pommiers en jardin familial. Si vous plantez un arbre nain ou buissonnant de 2-3 ans en bac, il donnera déjà ses premiers fruits une année après et produira une bonne récolte la deuxième.

Plantation (racines nues) **(En toute saison pour les plantes en bac)**   Récolte   Taille

Jan	Fév	Mars	Avr	Mai	Juin	Juil	Août	Sept	Oct	Nov	Déc	Jan	Fév	Mars	Avr	Mai	Juin	Juil	Août	Sept	Oct	Nov	Déc

Cox's orange pippin
Une variété traditionnelle très populaire donnant de belles pommes fermes et sucrées, le meilleur qu'une pomme au couteau puisse donner.

Autres variétés

● **American mother.** Une ancienne variété résistante à la gale qui donne une belle pomme rose sucrée bonne à croquer ou à cuire.

● **Bramley's seedlings.** Une des meilleures variétés à cuire. Elle donne d'énormes fruits à peau verte et chair blanche excellents en tartes ou en compote.

● **Egremont russet.** Une excellente variété ancienne de pommes au couteau qui donne des fruits jaune orange à peau mate caractéristiques à croquer.

● **James Grieve.** Une variété fiable rustique et hâtive qui donne des fruits à consistance un peu tendre, parfaits si vous aimez cela.

Sol et exposition

Les pommiers apprécient un sol profond humifère, jamais trop humide ni lourd. Quand le sol est trop sec et sablonneux, glaiseux ou gorgé d'eau, il vous faut opérer des ajustements. Préparez le terrain avec un double bêchage : il faut briser la croûte du sous-sol. Enterrez du fumier bien décomposé, de la cendre de bois et du compost – tout ce qui nourrit le sol. Plantez les arbres sur les côtés nord et est de votre parcelle, de sorte qu'ils n'apportent pas d'ombre à votre parcelle.

Semis et plantation

● Novembre-mars pour les arbres à racines nues, en toute saison pour ceux en bac. Creusez un trou de 60 cm de profondeur et de 90-120 cm de large.

● Pour les arbres de 2-3 ans à racines nues : taillez les racines brisées et déchirées.

● Pour les arbres en bac : les extraire du bac.

● Disposez un arbre à racines nues dans le trou, de sorte que les racines supérieures soient à 7,5-10 cm sous la surface, et maintenez avec un tuteur vertical.

● Disposez un arbre extrait de son bac dans le trou, de façon que le haut de son terreau soit à hauteur de la surface, et maintenez-le avec un tuteur.

● Déposez une petite quantité de fumier ou de compost dans le trou, puis remblayez avec la terre du dessus bien tassée.

Entretien

Taillez dès que les bourgeons apparaissent au printemps ou en automne si vous plantez en mars. Créez une armature de branches charpentières. Égalisez les branches principales à la moitié de leur longueur. Coupez les rameaux se dirigeant vers le centre de la frondaison. Avec des cordons, raccourcissez les pousses secondaires en ne laissant que trois yeux.

Récolte

Cueillez les pommes quand elles sont suffisamment mûres pour se séparer facilement de leurs rameaux. Pour tester, soulevez un fruit à l'horizontale : s'il est prêt, il se détachera après une légère torsion de la queue.

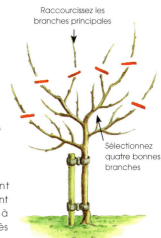

Raccourcissez les branches principales

Sélectionnez quatre bonnes branches

Problèmes/solutions

● **Feuilles poisseuses enroulées.** Probablement dû aux pucerons. Les feuilles se recroquevillent, les bourgeons se déforment et les fruits tombent. Évitez ce problème par un badigeonnage d'huile d'hiver qui détruit les œufs.

● **Tavelure.** Feuilles et fruits sont maculés de taches brun olivâtre, les fruits sont cabossés et les feuilles tombent. Brûlez les parties endommagées. Évitez le problème en plantant des variétés résistantes.

Prunes

Certains s'imaginent les pruniers comme des arbres de 6 m de haut dans lesquels il faut grimper pour cueillir les prunes. Mais, si vous choisissez un port buissonnant, ou demi-standard, vous avez accès à ces fruits délicieux sans vous livrer à de telles acrobaties.

(En toute saison pour les plantes en bac) Plantation (racines nues) Taille (pour palissage) Récolte Taille

Jan	Fév	Mars	Avr	Mai	Juin	Juil	Août	Sept	Oct	Nov	Déc	Jan	Fév	Mars	Avr	Mai	Juin	Juil	Août	Sept	Oct	Nov	Déc

Purple pershore

Variété productive résistante aux maladies. Les fruits de calibre moyen violets à chair violette, sont vraiment parfaits pour les confitures et les compotes.

Autres variétés

● **Demiston's superb.** Une variété rustique fiable qui donne de gros fruits jaune verdâtre teintés de rose et très juteux.

● **Early laxton.** Variété précoce très populaire en partie autogame (autofertile) qui donne des petits fruits jaunâtres rosés à chair dorée excellents frais.

● **Giant prune.** Variété autogame résistante aux maladies et aux gelées, très productive, donnant de grosses prunes rouge foncé à chair violette à cuire.

● **Victoria.** Variété fiable autogame qui donne de grosses récoltes de prunes dodues rouge doré et juteuses parfaites pour consommer fraîches tout autant qu'à la crème avec des pommes.

Sol et exposition

Pourvu que le sol soit bien drainé, le prunier pousse bien dans tout sol suffisamment humifère. Si ce dernier est trop humide, l'arbre a beaucoup de feuillage mais pas assez de fruits. L'idéal est un sol humifère chaud plutôt léger que lourd. De même pour l'exposition, l'idéal est une parcelle découverte sur le sud-ouest, avec beaucoup de soleil et d'air, bien abritée au nord et à l'est. Le prunier n'aime pas trop l'ombre.

Semis et plantation

● Octobre-novembre pour un jeune arbre de 2 ans à racines nues. Creusez un trou de 60 cm de profondeur et 8 à 15 cm de diamètre. Fragmentez le sous-sol et garnissez-le de fins tessons de brique.
● Disposez l'arbre dans le trou, de façon que les racines supérieures soient à 8-10 cm sous la surface, et maintenez-le avec un tuteur.
● Remplissez le trou avec le sol humifère et tassez bien.

Entretien

Pour les arbres de plein vent et les espaliers, voir les indications données pour les pommiers et les poiriers (p. 72 et 73). Pour les ports arbustifs, attendre le printemps et rabattez la tige centrale à 8-15 cm de haut. Le printemps suivant, coupez la moitié des nouveaux rameaux juste au-delà d'un bourgeon saillant vers l'extérieur. Rabattez à la base toutes les ramifications secondaires. Les étés suivants, éclaircissez les branches transversales et les rejets.

Au printemps de la première année, rabattez les nouveaux rameaux.

Assurez-vous que le tronc est bien attaché à un tuteur solide.

Récolte

Récoltez dès que les prunes changent de couleur, encore fermes au toucher. Si vous êtes incertain, attendez que la saveur se développe. Si vous cueillez trop tôt, le goût est médiocre. Cueillez les prunes une par une.

Problèmes/solutions

● **Chute de fruits.** Sans doute due à la tenthrède du prunier dont la larve dévore et fait tomber les jeunes fruits. Ramassez et brûlez régulièrement les fruits et les feuilles, en binant profondément, et en pulvérisant une bouillie d'hiver.
● **Feuilles racornies.** Dues aux pucerons qui tordent la marge des feuilles, occasionnant la chute des fruits et l'affaiblissement de l'arbre. Badigeonnez l'arbre à la bouillie d'hiver et brûlez tous les détritus.

Rhubarbe

Le goût très caractéristique de la rhubarbe est apprécié… ou détesté. Heureusement, la plupart des enfants l'aiment, à la crème (crumble), en confiture ou en tarte. La plante se plaît bien dans un coin ni trop sec ni trop frais.

	Plantation			Récolte																			
Jan	Fév	Mars	Avr	Mai	Juin	Juil	Août	Sept	Oct	Nov	Déc	Jan	Fév	Mars	Avr	Mai	Juin	Juil	Août	Sept	Oct	Nov	Déc

Victoria

Une variété toujours prisée. Un vieux catalogue datant des années 1910 la décrit comme « tardive mais valant bien l'attente ».

Autres variétés

● **Glaskins perpetual.** Variété fiable facile à cultiver et à récolte prolongée qui donne des côtes rouge vif savoureuses durant une longue période.

● **Green Victoria.** Variété dressée verte et tendre à grosse récolte donnant de grosses côtes dressées épaisses vertes. La saveur est aigrelette.

● **Hawkes champagne.** Variété ancienne fiable hâtive aux côtes charnues rouge rosâtre parfaites pour les tartes et les crumbles. Peut se forcer.

● **Macdonald's crimson.** Variété canadienne vigoureuse qui donne de grosses côtes rose à rouge à la peau tendre et de belle longueur, de saveur prononcée. Très populaire au Canada, mais il faut la cultiver à partir de graines.

Sol et exposition

Le sol idéal est profond, humifère, frais, humide et bien drainé. La rhubarbe n'aime pas les terrains tourbeux gorgés d'eau. Pour la préparation, le sol doit subir le double bêchage et être enrichi par une fumure prononcée. Le site idéal pour les variétés précoces est chaud et ensoleillé, avec une protection des vents froids du nord et de l'est, le terrain pentu étant exposé au sud-ouest. Les variétés tardives peuvent se trouver en terrain plus découvert et plus lourd. La rhubarbe demande beaucoup d'eau toute la saison de croissance et, si un bas-fond trop humide ne fait pas l'affaire, un sol trop sec non plus.

Semis et plantation

● Février-Mars pour les éclats de racines. En sols doublement bêché et chargé de fumier frais. Creusez un trou de 30 cm de profondeur suffisamment large pour que les racines puissent se déployer.

● Disposez les plantes à 75 cm d'écart en rangées espacées de 90 cm.

● Garnissez d'un mélange de terre et de fumier usagé et tassez bien.

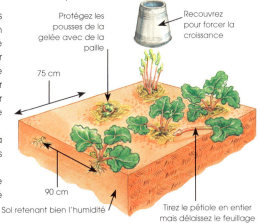

Protégez les pousses de la gelée avec de la paille

Recouvrez pour forcer la croissance

75 cm

90 cm

Sol retenant bien l'humidité

Tirez le pétiole en entier mais délaissez le feuillage

Entretien

Dès que la plante est complète, sarclez le sol pour éviter la formation de croûtes, et recouvrez-le de fumier bien décomposé. Arrosez le plus souvent possible. Enlevez les hampes florales dès qu'elles apparaissent car elles épuisent la plante. Forcez en recouvrant la plante de paille et d'une toile de plastique noir.

Récolte

Récoltez les pétioles de mi-février à mi-juillet. Pour cueillir, maintenez le pétiole fermement et tirez un coup sec avec une torsion d'un demi-tour. Dégagez le feuillage avec un canif et jetez-le dans le tas de compost.

Problème/solutions

● **Pourriture du collet.** Des plages brunes molles apparaissent sur les côtés de la rosette, pétioles et pousses paraissant faibles et maigrelets. La maladie met 2 ans à se développer. Cela peut totalement épuiser la plante à terme. Brûlez les plantes touchées et cultivez une autre variété dans une autre partie de la parcelle.

Herbes aromatiques

Les herbes aromatiques sont-elles adaptées aux parcelles ?

Les herbes aromatiques et condimentaires sont des composantes naturelles d'un jardin, et elles sont parfaites à côté des légumes, salades et autres cultures. Si les herbes culinaires sont utilisées en raison de leur goût, parfum et aspect agréable, les herbes médicinales sont cultivées pour leurs vertus curatives. Les cultiver en bacs est une bonne façon de contrôler les plus envahissantes.

Démarrage

Lorsque vous envisagez de planter des herbes aromatiques, préférez les plantes les plus communes, puis essayez des essences moins usuelles quand le temps et l'espace le permettent. Comme pour la disposition des cultures (les plantes sont-elles plantées au hasard, en bordures formelles ou en pots), commencez en plantant dans les coins dépareillés, de sorte que vous pouvez avoir prise sur leurs besoins en sol et exposition ; puis, quand vous en savez davantage, vous pouvez être un peu plus ambitieux.

Herbes médicinales

Contrairement aux herbes culinaires, les herbes médicinales sont cultivées spécifiquement pour leurs vertus curatives et ne sont pas traitées dans cet ouvrage. Quand vous décidez de planter et d'utiliser des herbes médicinales, il est nécessaire que vous lisiez et appliquiez la notice explicative.

Jardins d'herbes aromatiques

Un mélange d'aspect aléatoire d'herbes et autres plantes est bien à sa place dans une parcelle

Les compositions circulaires formelles en « roue de char », avec des couleurs d'herbes contrastées sont très plaisantes.

Des poteaux rustiques maintenus par des piquets peuvent délimiter un espace réservé aux herbes en pot.

Les cultiver en bacs est une bonne façon de contrôler les herbes les plus envahissantes.

Laurier

Buisson à feuilles persistantes vert foncé aromatiques. Dans des conditions idéales, il peut atteindre 1,80 à 3,60 m de haut. Il aime un sol bien drainé conservant bien l'humidité en exposition ensoleillée. Les feuilles très parfumées sont utilisées pour les ragoûts et le poisson.

Bourrache

Plante annuelle rustique aux feuilles ovales vertes un peu poilues qui atteint 7 à 15 cm de haut. Elle survit dans pratiquement tous les sols mais réussit mieux en sol bien drainé conservant l'humidité et bien ensoleillé. On peut l'utiliser pour les boissons fraîches et en salade.

Cerfeuil

Une bisannuelle rustique cultivée comme annuelle aux feuilles vert vif très découpées. Le cerfeuil ressemble un peu au persil, et il atteint environ 45 cm de haut. Il préfère un sol riche modérément humide. Avec ses feuilles délicatement anisées, on assaisonne les salades, les sandwichs, tout autant que le poisson et les œufs.

Ciboulette

Plante rustique formant des touffes basses vivaces aux tiges vertes tubulaires terminées par une inflorescence ronde rose. La ciboulette préfère un sol riche dans un coin abrité ensoleillé et demande un arrosage régulier. Tiges et feuilles dégagent un parfum délicat alliacé une fois ciselées.

Aneth

Annuelle rustique aux tiges hautes terminées par des feuilles plumeuses vert bleuté et atteignant 60-90 cm de haut. L'aneth prospère en sol bien drainé modérément abrité en exposition ensoleillée. Les feuilles fraîchement cueillies agrémentent pommes de terre et poissons à chair blanche.

Fenouil

Vivace rustique à hautes tiges et feuilles plumeuses vertes ; inflorescences jaunes atteignant 1,50-1,80 m de haut. Préfère les sols humides bien drainés modérément fertiles en exposition abritée et ensoleillée. Le feuillage accommode poissons et ragoûts, et les graines le pain et les gâteaux secs.

Gingembre

Plante vivace tropicale qui se cultive en bac pourvu que les racines soient protégées en serre tout l'hiver, et si on la garde en serre chauffée toute l'année. La meilleure façon de cultiver le gingembre dans nos régions et donc d'acheter des racines au printemps, de les mettre en pot et de tout récolter en automne.

Menthe

La menthe est une vivace rustique herbacée aux feuilles vert moyen et qui atteint quelque 60 cm de haut. Elle prospère en terrain fertile humide en exposition abritée chaude, mais s'accommode de presque tout et devient vite envahissante. Ciselées, les feuilles sont parfaites avec de la cassonade.

Persil

Bisannuelle rustique cultivée souvent comme annuelle dont les feuilles vertes frisées sont très serrées. Le persil préfère les sols fertiles humides à l'ombre ou en plein soleil. Les feuilles hachées permet d'accommoder une multitude de plats.

Romarin

Buisson à feuilles persistantes aux feuilles étroites pointues vert moyen à foncé aromatiques qui croît presque partout. Le romarin est utilisé pour parfumer poissons et viandes.

Sauge

Buisson rustique à longues feuilles gris-vert aromatiques vivaces. La sauge préfère les sols fertiles en situation abritée ensoleillée. Les feuilles sont utilisées pour parfumer divers plats, y compris pour les farces et les sauces au fromage.

Thym

Sous-arbrisseau ligneux rustique aux petites feuilles aromatiques. Le thym préfère les sols légers bien drainés en situation aérée et ensoleillée. On utilise les feuilles pour accommoder poisson et gibier.

Glossaire

Arable : Terre que l'on peut facilement cultiver.

Bisannuelle : Plante qui achève son cycle biologique complet en deux saisons.

Blanchiment : Technique utilisée pour blanchir une plante par absence de lumière. On blanchit par exemple le céleri à côtes ou l'endive. Le blanchiment modifie en mieux texture et goût.

Butter : Opération consistant à former une butte au râteau, à la binette ou au sarcloir, pour assurer une meilleure assise, la protection du froid, l'apparition de divers organes ou pour blanchir une plante.

Cloche : Concerne présentement toute armature (en plastique, verre, tissu), tente, tunnel, utilisée pour protéger plantes et semences. Ce concept devient de moins en moins consistant du fait que certains matériaux comme certains moltetons sont presque un hybride entre les feuilles de plastique et des filets.

Collet : Partie d'une plante située entre la tige et les racines et au niveau du sol ou faiblement enterre.

Compost : Matière organique décomposée utilisée avec ou à la place du fumier.

Culture à la dérobée. Culture rapide en terrain momentanément disponible. La culture à la dérobée débute quand une récolte de saison vient d'être effectuée, et sa récolte a lieu avant de semer la culture de saison suivante.

Éclat. Morceau de plante obtenu par division d'une souche vivace.

Engrais. Substance organique ou chimique utilisée pour nourrir une plante.

Enrobage : Une graine enrobée est enveloppée d'une gangue d'argile qui la rend plus manipulable ou qui la protège des maladies et des oiseaux ou des rongeurs.

Forçage : Technique consistant à obtenir des plantes en avance sur leur période de végétation normale en cachant la lumière du jour ou en augmentant la chaleur.

Fumer : Le fait d'enrichir un sol avec du fumier pour qu'il soit plus fertile. Du fait que certains fumiers ont été pollués par les pesticides ou des médicaments pour animaux, le compost le remplace dans la culture biologique.

Germination : Pour les pommes de terre, elle s'effectue avant la mise en terre.

Humus : Matière résultant de la décomposition de matières organiques.

Jardin biologique : Jardin familial géré sans l'utilisation de produits chimiques et dans une visée écologique et conviviale. Pour être vraiment « bio », vous devez garder à l'esprit tous les aspects de la culture, de la préparation du sol, du choix des semences, du contrôle des mauvaises herbes et de la récolte. Par exemple, un pan de vieux tapis doublé de mousse est un bon moyen de repousser les mauvaises herbes, mais se révèle pas si bon que cela en se décomposant et libèrant des substances chimiques dans le sol. Le crottin de cheval est un bon choix, sauf s'il provient d'un animal soigné aux antibiotiques. Dans le contexte d'un jardin familial, il est souhaitable que vous développiez votre propre stratégie « verte » en vous efforçant de la mettre en pratique.

Levée : Moment où le germe sort de la terre.

Montée en graine : Fin prématurée du cycle végétal d'une plante dû notamment à une chaleur excessive.

Organique : Matière issue de la décomposition d'un être vivant.

Paillage : Opération consistant à étaler de la paille, de la tourbe ou des écorces au pied des plantes pour maintenir l'humidité et repousser les mauvaises herbes.

Parcelle : Terme pour désigner la terre louée à une seule personne. Sa dimension est de l'ordre de 250 m² et, au départ, était destinée à nourrir une famille de quatre personnes.

Pétiole : Support d'une feuille (d'un fruit par extension) : c'est la « queue ».

pH. Potentiel Hydrogène : Échelle de notation du taux d'acidité (ou d'alcalinité) d'un sol (0 : le plus acide ; 7 : neutre ; 14 : le plus alcalin).

Pied : Partie de la plante située juste au-dessus du collet. Jeune plante à repiquer.

Pincement : Action de supprimer un morceau de tige pour le faire ramifier.

Plant : Jeune plante issue d'un semis et destinée au repiquage.

Plantoir : Outil pointu ou digitiforme utilisé pour creuser des trous avant la plantation de grosses graines, de semis ou de plant.

Plein vent : Port naturel d'un arbre fruitier (haute-tige ou demi-tige) dont les frondaisons ne sont pas taillées.

Rabattre : Technique consistant à couper un rameau sur son empattement pour stimuler le départ de nouvelles pousses.

Racines nues : Arbres et arbustes déterrés de façon qu'il reste très peu de terre autour des racines.

Repiquer : Le fait de transplanter une plante issue d'un semis (à la main ou avec un outil).

Rotation des cultures : Technique basée sur l'alternance des cultures afin qu'aucune plante ne soit placée deux fois de suite à la même place.

Rustique : Plante capable de s'adapter aux conditions environnementales dans lesquelles on les cultive.

Semence : Nom utilisé pour désigner à la fois les graines et les tubercules.

Sillon : Mot désignant l'empreinte peu profonde tracée dans le sol et dans laquelle les graines sont semées. La section peut être en « V » ou en « U ».

Site : L'ensemble de toutes les parcelles : un site peut regrouper 300 parcelles et autant de jardiniers.

Variété : Nom donné à une légère variation d'une plante par rapport à sa forme typique. Les variétés obtenues artificiellement sont des cultivars.